Inhalt

Die Geheimrede Chruschtschows

Über den Personenkult und seine Folgen

Rede des Ersten Sekretärs
des ZK der KPdSU,
Gen. N. S. Chruschtschow,
auf dem XX. Parteitag
der Kommunistischen Partei
der Sowjetunion,
25. Februar 1956

Beschluß des Zentralkomitees
der KPdSU über die Überwindung
des Personenkults und seiner Folgen,
30. Juni 1956

Dietz Verlag Berlin 1990

Die Geheimrede Chruschtschows : über d. Personenkult
u. seine Folgen / Rede des Ersten Sekretärs des ZK
der KPdSU, Gen. N. S. Chruschtschow, auf dem XX. Parteitag
der Kommunistischen Partei der Sowjetunion,
25. Februar 1956. Beschluß des Zentralkomitees der KPdSU
über die Überwindung des Personenkults und seiner Folgen,
30. Juni 1956. – Berlin : Dietz Verl., 1990. – 128 S.

ISBN 3-320-01544-3

Die Pharisäer der Bourgeoisie lieben den Ausspruch: de mortuis aut bene aut nihil (über die Toten schweigt man, oder man spricht nur Gutes). Das Proletariat braucht die *Wahrheit* sowohl über die lebenden politischen Persönlichkeiten als auch über die toten, denn die, die wirklich die Bezeichnung politische Persönlichkeit verdienen, sterben für die Politik nicht, wenn ihr physischer Tod eintritt.

Lenin

Nachdem auch bei uns in der DDR die Diskussion um Stalin, den Stalinismus und seine Auswirkungen bis zur heutigen Zeit entbrannt ist, wird das Vakuum in der wissenschaftlichen Aufarbeitung dieses Problems besonders deutlich.

Die hier veröffentlichten Dokumente des XX. Parteitages der KPdSU (1956) können nur der Anfang, ein erster Schritt zu dieser Aufarbeitung sein, eine umfassende Analyse steht noch aus.

Unsere Ausgabe beruht auf der sowjetischen Erstveröffentlichung in den »Iswestija ZK KPSS« vom März 1989. Auch heute noch dürfte die sogenannte interne Rede Nikita Chruschtschows für den DDR-Leser von großem Interesse sein, gelangte sie doch nie an die Öffentlichkeit und wurde ihr Anliegen für Jahrzehnte wieder aus dem Denken verbannt.

Die sowjetische Gesellschaftswissenschaft hat heute zu vielen Problemen, die diese Rede berührt, detailliertere Kenntnisse und auch andere Einschätzungen. Der Verlag wird deshalb noch weiterführende Publikationen zu diesem Thema herausgeben.

Über den Personenkult und seine Folgen

Rede des Ersten Sekretärs
des ZK der KPdSU,
Gen. N. S. Chruschtschow,
auf dem XX. Parteitag
der Kommunistischen Partei
der Sowjetunion,
25. Februar 1956[1]

Iswestija ZK KPSS, 1989, Nr. 3,
S. 128–170

Genossen! Im Rechenschaftsbericht des ZK der Partei an den XX. Parteitag, in einer Reihe von Ansprachen der Parteitagsdelegierten sowie zuvor auf Plenartagungen des Zentralkomitees ist nicht wenig über den Personenkult und seine schädlichen Folgen gesprochen worden.

Nach dem Tode Stalins begann das ZK der Partei, exakt und konsequent eine Politik durchzuführen, die darin bestand nachzuweisen, daß es unzulässig und dem Geist des Marxismus-Leninismus fremd ist, eine einzelne Person herauszuheben und sie in eine Art Übermensch mit übernatürlichen, gottähnlichen Eigenschaften zu verwandeln. Dieser Mensch weiß angeblich alles, sieht alles, denkt für alle, vermag alles zu tun, ist unfehlbar in seinem Handeln.

Eine solche Vorstellung über einen Menschen, konkret gesagt über Stalin, war bei uns viele Jahre lang verbreitet.

Das folgende Referat hat nicht eine allseitige Beurteilung des Lebens und der Tätigkeit Stalins zur Aufgabe. Über Stalins Verdienste wurde noch zu seinen Lebzeiten eine völlig ausreichende Anzahl von Büchern, Broschüren, Studien verfaßt. Allgemein bekannt ist die Rolle Stalins bei der Vorbereitung und der Duchführung der sozialistischen Revolution, während des Bürgerkrieges sowie im Kampf um die Errichtung des Sozialismus in unserem Lande. Darüber wissen alle gut Bescheid. Zur Zeit geht es uns um eine Frage, die für die Partei in Gegenwart und Zukunft gewaltige Bedeutung besitzt – darum, wie sich allmählich der Kult um die Person Stalins herausgebildet hat, der in einer bestimmten Phase zur Quelle einer ganzen Reihe äußerst ernser und schwerwiegender Entstellungen der Parteiprinzipien, der innerparteilichen Demokratie und der revolutionären Gesetzlichkeit wurde.

Angesichts dessen, daß sich noch nicht alle bewußt sind, wohin in der Praxis der Personenkult geführt hat, welchen gewaltigen Schaden die Vergewaltigung des Prinzips der kollektiven Leitung in der Partei und die Konzentration einer unermeßlichen, unbeschränkten Macht in den Händen einer Person angerichtet hat, hält es das Zentralkomitee für erforderlich, dem XX. Parteitag der KPdSU Materialien zur Kenntnis zu geben, die diese Frage betreffen.

Es sei mir erlaubt, Sie vor allem daran zu erinnern, wie streng die Klassiker des Marxismus-Leninismus jegliche Erscheinung von Personenkult verurteilten. In einem Brief an den deutschen politischen Funktionär Wilhelm Blos stellte Marx fest: »... im Widerwillen gegen allen Personenkultus, habe ich während der Zeit der Internationalen die zahlreichen Anerkennungsmanöver, womit ich von verschiednen Ländern aus molestiert ward, nie in den Bereich der Publizität dringen lassen und habe auch nie darauf geantwortet, außer hie und da durch Rüffel. Der erste Eintritt von Engels und mir in die geheime Kommunistengesellschaft geschah nur unter der Bedingung, daß alles aus den Statuten entfernt würde, was dem Autoritätsaberglauben förderlich. (Lassalle wirkte später grade in der entgegengesetzten Richtung.)«[2]

Engels schrieb etwas später: »Sowohl Marx wie ich sind von jeher gegen alle öffentlichen Demonstrationen gewesen, die sich an einzelne Personen knüpfen, es sei denn, im Fall ein großer Zweck dadurch erreicht werden kann; und am allermeisten gegen solche Demonstrationen, die sich zu unsern Lebzeiten um unsre eignen Personen drehen würden.«[3]

Bekannt ist die enorme Bescheidenheit des Genius der Revolution, Wladimir Iljitsch Lenin. Lenin unterstrich stets die Rolle des Volkes als des Schöpfers der Geschichte, die leitende und organisierende Rolle der Partei als eines lebendigen und schöpferischen Organismus sowie die Rolle des Zentralkomitees.

Der Marxismus negiert nicht die Rolle von Führern der

Arbeiterklasse bei der Lenkung der revolutionären und Befreiungsbewegung.

Lenin maß der Rolle von Führern und Organisatoren von Massen ein großes Gewicht bei. Gleichzeitig prangerte er unbarmherzig jegliche Erscheinung von Personenkult an, führte er einen unerbittlichen Kampf gegen die dem Marxismus fremden Ansichten der Sozialrevolutionäre über »Helden« und »Masse«, gegen Versuche der Gegenüberstellung von »Helden« auf der einen und von Massen und Volk auf der anderen Seite.

Lenin lehrte, daß die Kraft der Partei auf dem unverbrüchlichen Bund mit den Massen beruht und darauf, daß hinter der Partei das Volk – Arbeiter, Bauern, Intelligenz – geht. »Nur der wird siegen und die Macht behaupten«, sagte Lenin, »der an das Volk glaubt, der bis auf den Grund der lebendigen Schöpferkraft des Volkes tauchen wird.«[4]

Lenin sprach mit Stolz von der bolschewistischen, kommunistischen Partei als einer Führerin und Lehrerin des Volkes, er rief dazu auf, alle entscheidenden Fragen zur Beurteilung den bewußten Arbeitern und ihrer Partei vorzulegen; er sagte: »… der Partei glauben wir, in ihr sehen wir die Vernunft, die Ehre und das Gewissen unserer Epoche …«[5]

Lenin trat entschieden gegen alle Versuche auf, die führende Rolle der Partei im System des Sowjetstaates zu vermindern oder zu schwächen. Er erarbeitete bolschewistische Prinzipien der Führung der Partei und der Normen des Parteilebens, wobei er unterstrich, daß das führende Prinzip der Leitung der Partei ihre Kollektivität ist. Noch in den Jahren vor der Revolution bezeichnete Lenin das Zentralkomitee der Partei als ein Kollektiv von Führern, als einen Wächter und Interpreten der Parteiprinzipien. »… über die Prinzipien der *Partei*«, bemerkte Lenin, »wacht von Parteitag zu Parteitag das Zentralkomitee und interpretiert sie.«[6]

Als er die Rolle des Zentralkomitees der Partei und seiner Autorität unterstrich, bemerkte Wladimir Iljitsch: »Unser ZK hat sich zu einer streng zentralisierten Gruppe herausgebildet, die hohe Autorität genießt …«[7]

Zu Lebzeiten Lenins war das Zentralkomitee ein echter Ausdruck der kollektiven Führung der Partei und des Landes. Als marxistisch-revolutionärer Kämpfer, der in prinzipiellen Fragen stets unbeugsam war, hat Lenin den Mitarbeitern niemals seine Ansichten gewaltsam aufgedrängt. Er überzeugte, geduldig erläuterte er anderen seine Meinung. Lenin wachte stets aufmerksam darüber, daß die Normen des Parteilebens verwirklicht, das Statut der Partei eingehalten, die Parteitage und die Plenartagungen des Zentralkomitees zum entsprechenden Termin einberufen wurden.

Neben allen großen Taten, die Lenin für den Sieg der Arbeiterklasse und der werktätigen Bauernschaft, für den Sieg unserer Partei und die Verwirklichung der Ideen des wissenschaftlichen Kommunismus vollbrachte, fand sein Scharfsinn auch einen Ausdruck darin, daß er rechtzeitig bei Stalin eben diese negativen Eigenschaften aufdeckte, die später zu schweren Folgen führten. In der Sorge um das weitere Schicksal der Partei und des Sowjetstaates gab W. I. Lenin eine vollkommen richtige Charakterisierung Stalins, wobei er darauf verwies, daß man die Frage der Ablösung Stalins von der Funktion des Generalsekretärs im Zusammenhang damit erwägen sollte, daß Stalin zu grob sei, nicht die richtige Haltung zu seinen Genossen habe, launisch sei und seine Macht mißbrauche.

Im Dezember 1922 schrieb Wladimir Iljitsch in einem Brief an den Parteitag: »Gen. Stalin hat, nachdem er Generalsekretär geworden ist, eine unermeßliche Macht in seinen Händen konzentriert, und ich bin nicht überzeugt, daß er es immer verstehen wird, von dieser Macht vorsichtig genug Gebrauch zu machen.«[8]

Dieser Brief – ein politisches Dokument von erheblichem Gewicht, das in der Parteigeschichte als »Testament Lenins« bekannt ist – wurde den Delegierten des XX. Parteitages ausgehändigt. Sie haben ihn gelesen und werden ihn gewiß noch wiederholt lesen. Überdenken Sie die einfachen Worte Lenins, in denen die Sorge Wladimir Iljitschs um die Partei,

um das Volk, den Staat und die weitere Richtung der Parteipolitik Ausdruck findet.

Wladimir Iljitsch sagte:

»Stalin ist zu grob, und dieser Mangel, der in unserer
Mitte und im Verkehr zwischen uns Kommunisten durchaus
erträglich ist, kann in der Funktion des Generalsekretärs
nicht geduldet werden. Deshalb schlage ich den Genossen
vor, sich zu überlegen, wie man Stalin ablösen könnte, und
jemand anderen an diese Stelle zu setzen, der sich in jeder
Hinsicht von Gen. Stalin nur durch *einen* Vorzug unterscheidet, nämlich dadurch, daß er toleranter, loyaler, höflicher
und den Genossen gegenüber aufmerksamer, weniger launenhaft usw. ist.«[9]

Dieses Leninsche Dokument wurde den Delegationen
zum XIII. Parteitag[10] zur Kenntnis gegeben, die die Frage der
Ablösung Stalins vom Posten des Generalsekretärs bespra-
chen. Die Delegationen sprachen sich für das Verbleiben
Stalins auf diesem Posten aus, wobei sie erwarteten, daß er
die kritischen Bemerkungen Wladimir Iljitschs beherzigen
würde und seine Fehler, die Lenins Bedenken ausgelöst hatten, zu überwinden vermochte.

Genossen! Der Parteitag sollte sich mit zwei neuen Dokumenten vertraut machen, die die Einschätzung Stalins ver-
vollständigen, die von Lenin in seinem politischen »Testament« vorgenommen wurde. Diese Dokumente – das sind
ein Brief von Nadeshda Konstantinowna Krupskaja an Kamenew, der damals Vorsitzender des Politbüros war, sowie
ein persönlicher Brief Wladimir Iljitsch Lenins an Stalin.

Ich verlese diese Dokumente:

1. Der Brief von N. K. Krupskaja:

»Lew Borissowitsch, wegen des kurzen Briefes, den mir
Wlad. Iljitsch mit Erlaubnis der Ärzte diktiert hat, erlaubte
sich Stalin mir gegenüber gestern einen groben Ausfall. Ich
bin nicht erst seit gestern in der Partei. In all den dreißig
Jahren habe ich von keinem Genossen ein einziges grobes
Wort gehört. Die Interessen der Partei und Iljitschs sind mir
nicht weniger teuer, als sie es Stalin sind. Ich brauche jetzt

ein Maximum an Selbstbeherrschung. Worüber man mit Iljitsch sprechen kann und worüber nicht, weiß ich besser als jeder Arzt, denn ich weiß, was ihn aufregt und was nicht, auf alle Fälle weiß ich das besser als Stalin. Ich wende mich an Sie und an Grigori[11] als nahe Genossen von W. I. und bitte darum, mich vor grober Einmischung in mein persönliches Leben zu schützen, vor unwürdigen Beschimpfungen und Drohungen. An dem einstimmigen Beschluß der Kontrollkommission, mit der Stalin zu drohen sich erlaubte, zweifle ich nicht. Ich habe aber weder Kraft noch Zeit, mich mit diesen dummen Intrigen zu beschäftigen. Ich bin ein lebendiger Mensch, und meine Nerven sind zum Zerreißen gespannt.

N. Krupskaja«[12]

Diesen Brief schrieb Nadeshda Konstantinowna am 23. Dezember 1922. Nach Ablauf von zweieinhalb Monaten, im März 1923, schickte Lenin an Stalin folgenden Brief:

2. Brief W. I. Lenins:

»An Genossen Stalin.

Streng vertraulich.

Persönlich

Kopie an die Genossen Kamenew und Sinowjew

Werter Gen. Stalin!

Sie besaßen die Grobheit, meine Frau ans Telefon zu rufen und sie zu beschimpfen. Obwohl sie sich Ihnen gegenüber bereit erklärt hat, das Gesagte zu vergessen, haben Sinowjew und Kamenew diese Tatsache durch sie selbst erfahren. Ich habe nicht die Absicht, so leicht zu vergessen, was man mir angetan hat, und selbstverständlich betrachte ich das, was man meiner Frau angetan hat, als etwas, das auch mir angetan wurde. Deshalb bitte ich Sie zu erwägen, ob Sie bereit sind, das Gesagte zurückzunehmen und sich zu entschuldigen, oder ob Sie es vorziehen, die Beziehungen zwischen uns abzubrechen.

Hochachtungsvoll *Lenin*

5. März 23«[13]

Genossen! Ich werde diese Dokumente nicht kommentieren. Sie sprechen für sich selbst. Wenn Stalin sich zu Lebzeiten Lenins auf diese Art verhalten konnte, sich gegenüber Nadeshda Konstantinowna Krupskaja so benehmen konnte, die in der Partei bekannt ist und als treue Gefährtin Lenins und aktive Kämpferin um die Sache unserer Partei von Anfang an hochgeschätzt wird, so kann man sich vorstellen, wie Stalin andere Menschen behandelte. Diese seine negativen Eigenschaften entwickelten sich immer mehr und nahmen in den letzten Jahren einen absolut unerträglichen Charakter an.

Wie spätere Vorkommnisse bewiesen, war Lenins Besorgnis begründet: In der ersten Zeit nach Lenins Tod hielt sich Stalin noch an seine Weisungen, jedoch später begann er, die ernsten Warnungen von Wladimir Iljitsch auf die leichte Schulter zu nehmen.

Wenn wir die von Stalin bei der Leitung von Partei und Staat angewandte Praxis analysieren, wenn wir über alles nachdenken, was Stalin zugelassen und was er sich geleistet hat, dann überzeugen wir uns davon, daß Lenins Befürchtungen berechtigt waren. Stalins negative Eigenschaften, die zu den Zeiten Lenins erst im Keime vorhanden waren, entwickelten sich während der letzten Jahre zu einem schweren Mißbrauch der Macht, was unserer Partei unermeßlichen Schaden zufügte.

Wir müssen diese Frage ernsthaft durchdenken und richtig analysieren, um jede Möglichkeit einer Wiederholung, in welcher Form auch immer, dessen auszuschließen, was zu Lebzeiten Stalins geschah, der Kollektivität in der Führung und in der Arbeit absolut nicht ertrug, der sich brutale Gewalt gegenüber allem erlaubte, was sich nicht nur gegen ihn richtete, sondern was ihm, bei seiner launenhaften und despotischen Neigung, seinen Konzeptionen zu widersprechen schien. Stalin handelte nicht mit dem Mittel der Überzeugung, der Erklärung, der geduldigen Arbeit mit den Menschen, sondern durch das Aufzwingen seiner Konzeptionen, indem er die absolute Unterordnung unter seine Meinung forderte. Wer sich dem entgegenstellte oder versuchte, seinen eigenen Gesichtspunkt und die Richtigkeit seines

14

Standpunktes zu begründen, war zum Ausschluß aus dem Leitungskollektiv und in der Folge zur moralischen und physischen Vernichtung verurteilt. So war es insbesondere im Zeitraum nach dem XVII. Parteitag, als dem Despotismus Stalins viele ehrliche, der Sache des Kommunismus ergebene, hervorragende Parteifunktionäre und einfache Parteiarbeiter zum Opfer fielen.[14]

Es gilt festzustellen, daß die Partei einen ernsthaften Kampf gegen die Trotzkisten, die Rechtsabweichler, die bürgerlichen Nationalisten führte, daß sie alle Feinde des Leninismus ideologisch zerschlug. Dieser ideologische Kampf wurde erfolgreich geführt, in seinem Verlauf kräftigte und stählte sich die Partei noch mehr. Hier spielte Stalin eine positive Rolle.

Die Partei führte einen großen ideologisch-politischen Kampf gegen diejenigen in ihren Reihen, die antileninistische Thesen aufstellten, die eine der Partei und der Sache des Sozialismus fremde politische Linie repräsentierten. Das war ein hartnäckiger und schwerer, aber notwendiger Kampf, da die politische Linie sowohl des trotzkistisch-sinowjewschen Blocks als auch der Bucharinleute im Grunde genommen zur Wiedererrichtung des Kapitalismus, zur Kapitulation vor der Weltbourgeoisie geführt hätte. Stellen wir uns vor, was geschehen wäre, wenn in den Jahren 1928/1929 bei uns die Linie der politischen Rechtsabweichung gesiegt hätte, die Orientierung auf die »Kattun-Industrialisierung«[15], auf die Kulaken u. ä. Wir hätten keine mächtige Schwerindustrie, keine Kolchose, wir wären der kapitalistischen Einkreisung gegenüber ohne Verteidigung und machtlos gewesen.

Dies ist der Grund dafür, daß die Partei einen unbarmherzigen ideologischen Kampf geführt hat, allen Parteimitgliedern und den parteilosen Massen erklärte, worin die Schädlichkeit und Gefährlichkeit der antileninistischen Auftritte der trotzkistischen Opposition und der Rechtsopportunisten bestanden. Und diese gewaltige Arbeit zur Erläuterung der Parteilinie ist erfolgreich gewesen: Sowohl die Trotzkisten als auch die Rechtsopportunisten wurden politisch isoliert, die überwältigende Mehrheit der Partei unterstützte die Leninsche Linie, und der Partei gelang es, die arbeitenden Massen zur Verwirklichung der Leninschen Parteilinie, für den Aufbau des Sozialismus zu mobilisieren und zu organisieren.

Beachtung verlangt der Umstand, daß sogar im Verlauf des erbitterten ideologischen Kampfes gegen die Trotzkisten, Sinowjewleute, Bucharinleute und andere keine extrem repressiven Mittel angewandt wurden. Der Kampf vollzog sich auf ideologischem Boden. Doch nach Ablauf einiger Jahre, als der Sozialismus in unserem Lande eigentlich schon errichtet war, als die Ausbeuterklassen im Prinzip liquidiert waren, als sich die soziale Struktur der sowjetischen Gesellschaft in radikaler Art verändert hatte, als sich die gesellschaftliche Basis für parteifeindliche politische Richtungen und Gruppierungen gewaltig verengt hatte, als die ideologischen Gegner der Partei schon seit langem politisch zerschlagen waren, da begannen gegen sie die Repressalien.

Und gerade in dieser Periode (der Jahre 1935 bis 1938) kam es zur Praxis der massenweisen Repressalien von Staats wegen, zuerst gegenüber den Gegnern des Leninismus: gegenüber den Trotzkisten, Sinowjewleuten und Bucharinleuten, die schon seit langem politisch von der Partei zerschlagen waren, später auch gegenüber vielen ehrlichen Kommunisten, gegenüber denjenigen Parteikadern, die die schwere Last des Bürgerkrieges sowie der ersten und schwierigsten Jahre der Industrialisierung und Kollektivierung auf ihren Schultern getragen hatten, die aktiv gegen die Trotzkisten und Rechtsabweichler um eine leninistische Parteilinie gekämpft hatten.

Stalin führte den Begriff »Volksfeind« ein. Dieser Terminus befreite umgehend von der Notwendigkeit, die ideologischen Fehler eines oder mehrerer Menschen, gegen die man polemisiert hatte, nachzuweisen; er erlaubte die Anwendung schrecklichster Repressionen, wider alle Normen der revolutionären Gesetzlichkeit, gegen jeden, der in irgend etwas mit Stalin nicht übereinstimmte, der nur gegnerischer Absichten verdächtigt, der einfach verleumdet wurde. Dieser Begriff

»Volksfeind« schloß im Grunde genommen schon von sich aus die Möglichkeit irgendeines ideologischen Kampfes oder der Darlegung der eigenen Ansichten zu dieser oder jener Frage auch praktischen Inhalts aus. Als hauptsächlicher und im Grunde genommen einziger Schuldbeweis wurde entgegen allen Normen der heutigen Rechtslehre das »Geständnis« der Verurteilten betrachtet, wobei dieses »Bekenntnis« – wie eine spätere Überprüfung ergab – durch physische Mittel der Beeinflussung des Angeklagten erreicht wurde.

Das führte zu einer krassen Vergewaltigung der revolutionären Gesetzlichkeit, dazu, daß viele total Unschuldige, die in der Vergangenheit die Parteilinie verteidigt hatten, zu Opfern wurden.

Man muß feststellen, daß es gegenüber denjenigen, die seinerzeit gegen die Parteilinie auftraten, oft keine ausreichend ernsthaften Grundlagen gab, um sie physisch zu vernichten. Um die physische Vernichtung solcher Personen zu begründen, wurde eben die Formel vom »Volksfeind« eingeführt.

Schließlich hatten viele Menschen, die später vernichtet wurden, weil sie als Feinde der Partei und des Volkes betrachtet wurden, zu Lebzeiten W. I. Lenins mit diesem zusammengearbeitet. Einige dieser Personen hatten auch zu Lenins Zeiten Fehler begangen, doch ungeachtet dessen zog Lenin aus ihrer Arbeit Nutzen, korrigierte sie, strebte danach, daß sie im Rahmen der Partei verblieben, weiter mit ihm zusammengingen.

Im Zusammenhang damit sollen die Parteitagsdelegierten mit einer bisher unveröffentlichten Bemerkung W. I. Lenins vertraut gemacht werden, die er im Oktober 1920 an das Politbüro des ZK richtete. Bei der Präzisierung der Aufgaben der Kontrollkommission schrieb Lenin, daß man diese Kommission »zu einem echten Organ des Gewissens von Partei und Proletariat« machen sollte. »Als besondere Aufgabe wird der Kontrollkommission empfohlen«, heißt es in dieser Notiz, »die Vertreter der sogenannten Opposition, die in Zusammenhang mit den Mißerfolgen in ihrer Partei- oder

Staatskarriere eine seelische Krise durchmachen, aufmerksam und differenziert, bisweilen sogar direkt wie Kranke zu behandeln. Man muß sich bemühen, sie zu beruhigen, ihnen die Sache kameradschaftlich erklären, ihnen (nicht auf dem Wege von Anordnungen) eine Arbeit beschaffen, die ihren psychologischen Besonderheiten entspricht; dem Orgbüro des ZK sind zu diesem Punkt Ratschläge und Hinweise zu geben, usw.«[16]

Alle wissen gut, wie unversöhnlich Lenin gegenüber den ideologischen Gegnern des Marxismus war, gegenüber denen, die von der richtigen Parteilinie abwichen. Zugleich jedoch forderte Lenin, wie man aus dem verlesenen Dokument und aus der gesamten Praxis seiner Führung der Partei ersehen kann, ein äußerst einfühlsames, parteiliches Verhältnis zu den Menschen, die Schwankungen an den Tag legten oder von der Parteilinie abwichen, die man aber auf den parteilichen Weg zurückführen konnte. Lenin gab den Rat, solche Menschen geduldig zu erziehen, ohne extreme Mittel anzuwenden.

Darin äußerte sich die Klugheit Lenins beim Herangehen an die Menschen, bei der Arbeit mit den Kadern.

Ein vollkommen anderes Verhältnis zu den Menschen war für Stalin charakteristisch. Stalin waren die Leninschen Eigenschaften völlig fremd; die geduldige Arbeit mit den Menschen, ihre beharrliche und mühselige Erziehung, die Fähigkeit, Menschen zu gewinnen nicht auf dem Wege des Zwangs, sondern auf dem Wege ihrer ideologischen Beeinflussung durch das gesamte Kollektiv. Er wies die Leninsche Methode der Überzeugung und Erziehung zurück, ging von der Position des ideologischen Kampfes über den Weg administrativer Gewalt auf den Weg massenhafter Repressalien, den Weg des Terrors. Er machte in zunehmendem Maße und immer hartnäckiger die Straforgane zu seinem Werkzeug, wobei er oft alle bestehenden Normen der Moral und die sowjetischen Gesetze mit Füßen trat.

Die Willkür einer einzelnen Person regte auch andere zur Willkür an und ermöglichte sie. Massenverhaftungen und

Deportationen vieler tausend Menschen, Vollstreckungen ohne Gerichtsurteil und ohne normale Untersuchung riefen einen Zustand der Unsicherheit und der Furcht, sogar der Verzweiflung hervor.

Das diente natürlich nicht dem Zusammenschluß der Reihen der Partei und aller Schichten des werktätigen Volkes, sondern zog im Gegenteil die Liquidierung, den Parteiausschluß ehrlicher Mitarbeiter, die aber Stalin unbequem waren, nach sich.

Unsere Partei kämpfte um die Verwirklichung der Leninschen Pläne zur Errichtung des Sozialismus. Das war ein ideologischer Kampf. Wenn im Verlauf dieses Kampfes die Leninschen Grundsätze eingehalten, wenn parteiliche Prinzipienfestigkeit geschickt mit einem einfühlsamen und sorgsamen Verhältnis zu den Menschen verbunden worden wäre, wenn versucht worden wäre, sie auf unsere Seite zu ziehen, anstatt sie zu verstoßen und zu verlieren – dann wäre es gewiß bei uns nicht zu einer so brutalen Verletzung der revolutionären Gesetzlichkeit, zur Anwendung von Terrormethoden gegenüber vielen Tausenden Menschen gekommen. Außerordentliche Mittel wären dann nur gegenüber denjenigen angewandt worden, die tatsächlich Verbrechen gegen die Sowjetordnung begangen hätten.

Erinnern wir uns an einige historische Tatsachen.

In den Tagen vor der Oktoberrevolution traten zwei Mitglieder des ZK der bolschewistischen Partei – Kamenew und Sinowjew – gegen den Leninschen Plan des bewaffneten Aufstands auf. Mehr noch, am 18. Oktober veröffentlichten sie in der menschewistischen Zeitung »Nowaja Shisn« eine Erklärung über die Vorbereitung des Aufstands durch die Bolschewiki sowie darüber, daß sie den Aufstand als abenteuerlich ansahen. Damit enthüllten Kamenew und Sinowjew den Feinden den Beschluß des ZK zur Frage des Aufstands, seiner Organisierung in allernächster Zeit.

Das war Verrat an der Sache der Partei, an der Sache der Revolution. W. I. Lenin schrieb im Zusammenhang damit: »Kamenew und Sinowjew haben an Rodsjanko und Kerenski den Beschluß des ZK ihrer Partei über den bewaffneten Aufstand … *verraten.*«[17] Er unterbreitete dem ZK die Frage des Ausschlusses von Sinowjew und Kamenew aus der Partei.

Bekanntlich wurden jedoch Sinowjew und Kamenew nach der Großen Sozialistischen Oktoberrevolution in führenden Positionen eingesetzt. Lenin bezog sie in die Ausführung der verantwortungsvollsten Aufträge der Partei ein, in die aktive Arbeit der Führungsorgane von Partei und Sowjetstaat. Es ist bekannt, daß Sinowjew und Kamenew zu Lebzeiten Lenins nicht wenig andere ernste Fehler begingen. In seinem »Testament« warnte Lenin, »daß die Episode mit Sinowjew und Kamenew im Oktober natürlich kein Zufall war«[18]. Doch Lenin stellte weder die Frage ihrer Verhaftung noch gar die ihrer Erschießung.

Oder nehmen wir das Beispiel der Trotzkisten. Gegenwärtig, da ein ausreichend langer historischer Abschnitt verstrichen ist, können wir über den Kampf gegen die Trotzkisten vollkommen ruhig sprechen und diese Angelegenheit mit ausreichender Objektivität analysieren. Schließlich befanden sich in Trotzkis Umgebung Menschen, die keineswegs aus einem bürgerlichen Milieu stammten. Ein Teil von ihnen gehörte zur Parteiintelligenz, und ein gewisser Teil rekrutierte sich aus der Arbeiterschaft. Man könnte viele anführen, die sich seinerzeit den Trotzkisten angeschlossen hatten, doch dieselben Menschen hatten vor der Revolution aktiv an der Arbeiterbewegung teilgenommen und sich an der Revolution selbst beteiligt wie gleichfalls an der Festigung der Errungenschaften dieser größten Revolution. Viele von ihnen brachen mit dem Trotzkismus und gingen auf leninistische Positionen über. Bestand denn die Notwendigkeit der physischen Vernichtung dieser Menschen? Wir sind zutiefst überzeugt, hätte Lenin gelebt, wäre ein so extremes Mittel gegenüber vielen von ihnen nicht angewandt worden.

So sehen nur einige historische Fakten aus. Und kann man sagen, daß Lenin sich nicht entschieden hätte, gegenüber Feinden der Revolution die strengsten Schritte zu unternehmen, wenn es tatsächlich erforderlich war? Nein, das kann niemand behaupten. Wladimir Iljitsch verlangte die rücksichtslose Abrechnung mit Feinden der Revolution und der Arbeiterklasse, und wenn es erforderlich war, wandte er solche Mittel auch schonungslos an. Erinnern Sie sich beispielsweise an den Kampf W. I. Lenins gegen die sozialrevolutionären Organisatoren der antisowjetischen Erhebungen, gegen das konterrevolutionäre Kulakentum im Jahre 1918 und anderes, als Lenin ohne Schwankungen die entschiedensten Mittel gegenüber den Feinden anwandte. Doch Lenin griff zu solchen Mitteln gegenüber wirklichen Klassenfeinden, nicht aber jenen gegenüber, die sich irren, fehlgehen, die man durch ideologische Beeinflussung wieder in die Partei einreihen und sogar in der Führung behalten kann.

Lenin benutzte scharfe Mittel in den allernotwendigsten Fällen, als Ausbeuterklassen existierten, die einen wütenden Widerstand gegen die Revolution leisteten, als der Kampf »Wer – wen?« unvermeidlich die schärfsten Formen, einschließlich des Bürgerkrieges, annahm. Stalin allerdings wandte extremste Mittel, Massenrepressalien noch dann an, als die Revolution gesiegt, der Sowjetstaat sich gefestigt hatte, als die Ausbeuterklassen bereits liquidiert worden waren und sozialistische Verhältnisse sich in allen Bereichen der Volkswirtschaft vertieft hatten, als unsere Partei politisch an Stärke gewonnen und sich sowohl quantitativ als auch ideologisch gestählt hatte. Es ist klar, daß Stalin hier in einer ganzen Reihe von Fällen Intoleranz, Brutalität, Machtmißbrauch an den Tag legte. Anstatt zu beweisen, daß er politisch recht hatte und die Massen zu mobilisieren, beschritt er oft den Weg der Repression und der physischen Vernichtung nicht nur gegenüber tatsächlichen Feinden, sondern auch gegenüber Menschen, die keine Verbrechen gegen die Partei und die Sowjetmacht begangen hatten. Das war kein Zeichen von Klugheit, sondern nur die Demonstration brutaler Stärke, was gerade Lenin so beunruhigte.

Das Zentralkomitee der Partei hat kürzlich, nach der Entlarvung der Berija-Bande[19], eine Reihe von Fällen erörtert, die diese Bande fabriziert hat. Enthüllt wurde dabei ein

sehr schmutziges Bild brutaler Willkür, das mit dem ungerechtfertigten Vorgehen Stalins verbunden war. Wie die Tatsachen belegen, erlaubte sich Stalin – unter Ausnutzung seiner unbeschränkten Macht – viele Mißbräuche, wobei er im
Namen des ZK agierte und die Mitglieder des ZK wie sogar
auch die Mitglieder des Politbüros nicht um ihre Meinung
fragte, häufig sie nicht einmal über seine individuell getroffenen Beschlüsse in äußerst wichtigen Partei- und Staatsangelegenheiten informierte.

Bei der Erörterung der Frage des Personenkults müssen wir
vor allem klären, welchen Schaden er den Interessen unserer
Partei zugefügt hat.

Lenin unterstrich stets die Rolle und Bedeutung der Partei
bei der Leitung des sozialistischen Staates der Arbeiter und
Bauern, wobei er darin die Hauptbedingung für die erfolgrei-
che Errichtung des Sozialismus in unserem Land erblickte.
Unter Hinweis auf die gewaltige Verantwortung der bolschewistischen Partei als der Regierungspartei des sowjetischen
Staates appellierte Lenin, die Normen des Parteilebens auf
das genaueste einzuhalten, die Prinzipien der Kollektivität
bei der Leitung der Partei und des Landes zu verwirklichen.

Die Kollektivität der Leitung entspringt aus der Natur unserer Partei selbst, die auf den Grundsätzen des demokratischen Zentralismus basiert. »Das bedeutet«, sagte Lenin,
»daß ausnahmslos alle Parteiangelegenheiten – unmittelbar
oder durch Vertreter – von allen Parteimitgliedern gleichbe-
rechtigt wahrgenommen werden, wobei alle leitenden Funktionäre, alle führenden Kollegien, alle Parteiinstanzen wähl-
bar, rechenschaftspflichtig und absetzbar sind.«[20]

Bekanntlich hat Lenin selbst ein Beispiel für die genaueste Einhaltung dieser Prinzipien gegeben. Es gab keine noch
so wichtige Frage, in der Lenin die Entscheidung selbst getroffen hätte, ohne den Rat und die Billigung der Mehrheit
der ZK-Mitglieder oder der Mitglieder des Politbüros des ZK
einzuholen.

In den für unsere Partei und das Land schwierigsten Ab-

schnitten hielt es Lenin für erforderlich, regulär die Parteitage, Parteikonferenzen und Plenartagungen des Zentralkomitees einzuberufen, auf denen die wichtigsten Fragen be-
sprochen und Beschlüsse gefaßt wurden, die allseitig von den
Führungskollektiven ausgearbeitet worden waren.

Erinnern wir uns zum Beispiel des Jahres 1918, als über
dem Land die Gefahr des Überfalls der imperialistischen In-
terventen hing. Unter diesen Bedingungen wurde der
VII. Parteitag mit dem Ziel einberufen, die lebenswichtige
und keinen Aufschub duldende Frage des Friedens zu erörtern. Im Jahre 1919, im Feuer des Bürgerkrieges, wurde der
VIII. Parteitag einberufen, auf dem ein neues Parteipro-
gramm beschlossen und so wichtige Angelegenheiten erörtert wurden wie die Haltung gegenüber den Massen der Bauernschaft, die Organisation der Roten Armee, die Frage der
führenden Rolle der Partei in der Arbeit der Sowjets, die
Verbesserung der sozialen Zusammensetzung der Partei und
andere Fragen. 1920 wurde der IX. Parteitag einberufen, der
die Aufgaben der Partei und des Landes im Bereich des ökonomischen Aufbaus festlegte. Im Jahre 1921, auf dem X. Parteitag, wurde die von Lenin ausgearbeitete Neue Ökonomi-
sche Politik beschlossen und die historische Entschließung
»Über die Einheit der Partei« angenommen.

Zu Lebzeiten Lenins fanden die Parteitage regulär statt;
immer, wenn eine radikale Wende in der Entwicklung von
Partei und Land eintrat, betrachtete es Lenin als unerläßlich,
durch die Partei die grundlegenden Fragen der Innen- und
Außenpolitik, die Fragen des Partei- und Staatsaufbaus zu
erörtern.

Es ist besonders charakteristisch, daß Lenin seine letzten
Artikel, Briefe und Bemerkungen gerade an den Parteitag
als höchstes Parteiorgan richtete. In der Periode zwischen
den Parteitagen trat das Zentralkomitee als das mit der höchsten Autorität ausgestattete Führungskollektiv auf, das die
Prinzipien der Partei genau einhielt und ihre Politik reali-
sierte.

So war es zu Lenins Lebzeiten.

Wurden die für unsere Partei heiligen Leninschen Prinzipien nach dem Tode von Wladimir Iljitsch eingehalten?

Während in den ersten Jahren nach dem Tode Lenins Parteitage und Plenarsitzungen des ZK mehr oder weniger regelmäßig stattfanden, wurde später, als Stalin die Macht immer mehr mißbrauchte, begonnen, diese Prinzipien gröblich zu verletzen. Dies wurde vor allem in den letzten 15 Jahren seines Lebens deutlich. Kann man den Fakt als normal ansehen, daß zwischen dem XVIII. und XIX. Parteitag mehr als 13 Jahre vergingen, in denen unsere Partei und das Land so viele Ereignisse erlebten?[21] Diese Ereignisse verlangten nachdrücklich von der Partei, Beschlüsse zur Verteidigung des Landes unter den Bedingungen des Vaterländischen Krieges und zum friedlichen Aufbau in den Nachkriegsjahren zu fassen. Sogar nach Ende des Krieges trat länger als sieben Jahre kein Parteitag zusammen.

Es wurden fast keine Plenartagungen des Zentralkomitees einberufen. Es spricht für sich, daß während all der Jahre des Großen Vaterländischen Krieges praktisch kein einziges Plenum des ZK stattfand. Es gab zwar einen Versuch zur Einberufung eines ZK-Plenums im Oktober 1941[22], als aus dem ganzen Lande die Mitglieder des ZK nach Moskau beordert wurden. Zwei Tage warteten sie auf die Eröffnung des Plenums, doch ihr Warten war vergeblich. Stalin wollte sich nicht einmal mit den Mitgliedern des ZK treffen und unterhalten. Diese Tatsache zeugt davon, wie demoralisiert Stalin in den ersten Monaten des Krieges war und wie überheblich und geringschätzig er die Mitglieder des ZK behandelte.

In dieser Praxis spiegelte sich das Ignorieren der Normen des Parteilebens, die Verletzung des Leninschen Prinzips der kollektiven Leitung der Partei durch Stalin wider.

Die Selbstherrlichkeit Stalins gegenüber der Partei und ihrem Zentralkomitee kam besonders nach dem XVII. Parteitag zum Vorschein, der 1934 stattfand.

Das Zentralkomitee, das über zahlreiche Fakten verfügt, die von der brutalen Willkür gegenüber den Kadern der Partei zeugen, hat aus dem Kreis des Präsidiums des ZK eine Parteikommission[23] eingesetzt und beauftragt, genau zu untersuchen, auf welche Weise die Massenrepressalien gegen die Mehrheit der Mitglieder und Kandidaten des ZK der Partei, das vom XVII. Parteitag der KPdSU(B) gewählt wurde, möglich wurden.

Die Kommission machte sich mit einer großen Anzahl von Materialien aus den Archiven des NKWD[24] und mit anderen Dokumenten vertraut, und sie stellte zahlreiche Fakten fest über fabrizierte Anklagen gegen Kommunisten, falsche Beschuldigungen, schreiende Verletzungen der sozialistischen Gesetzlichkeit, als deren Folge unschuldige Menschen umkamen. Aufgedeckt wurde, daß viele Parteiarbeiter, Sowjet- und Wirtschaftsfunktionäre, die in den Jahren 1937/1938 als »Feinde« angesehen wurden, in Wirklichkeit niemals Feinde, Spione, Schädlinge u. ä. gewesen sind, daß sie tatsächlich immer ehrliche Kommunisten waren. Aber man hat sie angeschwärzt, und manchmal hielten sie die barbarischen Foltern nicht aus und beschuldigten sich selbst (unter dem Diktat der mit Fälschungen arbeitenden Untersuchungsrichter) sämtlicher schwerer und unwahrscheinlicher Verbrechen. Die Kommission hat dem Präsidium des ZK ein umfassend dokumentiertes Material über die Massenrepressalien gegen die Delegierten des XVII. Parteitags und die Mitglieder des von diesem Parteitag gewählten Zentralkomitees vorgelegt. Diese Materialien wurden vom Präsidium des Zentralkomitees begutachtet.

Festgestellt wurde, daß von den 139 Mitgliedern und Kandidaten des Zentralkomitees, die auf dem XVII. Parteitag gewählt worden waren, 98 Personen, d. h. 70 Prozent, (hauptsächlich in den Jahren 1937/1938) verhaftet und erschossen wurden. (Empörung im Saal.)

Wie war die Zusammensetzung der Delegierten zum XVII. Parteitag? Es ist bekannt, daß 80 Prozent der Teilnehmer des Parteitages mit beschließender Stimme in den Jahren der Konspiration vor der Revolution und während des Bürgerkrieges, also einschließlich bis zum Jahre 1920, in die

25

Partei eingetreten waren. Was die soziale Zusammensetzung angeht, so stellten Arbeiter (60 Prozent der Delegierten mit beschließender Stimme) die Hauptmasse der Parteitagsdelegierten.

Deshalb war es absolut undenkbar, daß der Parteitag mit derartiger Zusammensetzung ein Zentralkomitee gewählt hätte, dessen Mehrheit sich als Parteifeinde herausstellt. Nur im Ergebnis dessen, daß ehrliche Kommunisten angeschwärzt und zu Unrecht beschuldigt wurden, daß ungeheuerliche Verletzungen der revolutionären Gesetzlichkeit zugelassen worden sind, wurden 70 Prozent der Mitglieder und Kandidaten des vom XVII. Parteitag gewählten Zentralkomitees als Feinde der Partei und des Volkes betrachtet.

Dasselbe Geschick traf nicht nur die Mitglieder des ZK, sondern auch die Mehrheit der Delegierten zum XVII. Parteitag. Von den 1 966 Delegierten mit beschließender und beratender Stimme wurden auf der Grundlage von Beschuldigungen wegen konterrevolutionärer Verbrechen weit mehr als die Hälfte – 1 108 Personen – festgenommen. Schon dieser Fakt allein bezeugt, wie unbegründet, unsachlich und wider allen gesunden Verstand der Vorwurf konterrevolutionärer Verbrechen war, der – wie sich jetzt herausstellt – gegen die **Mehrheit** der Teilnehmer des XVII. Parteitages vorgebracht worden war. (Empörung im Saal.)

Es sei daran erinnert, daß der XVII. Parteitag in die Geschichte als Parteitag der Sieger einging. Die Delegierten für den Parteitag waren aktive Teilnehmer am Aufbau unseres sozialistischen Staates, viele von ihnen kämpften aufopferungsvoll um die Sache der Partei in den Vorrevolutionsjahren, in der Konspiration und an den Fronten des Bürgerkrieges, kämpften tapfer gegen die Feinde, sahen oft dem Tod ins Auge und zitterten nicht. Wie also soll man glauben, daß solche Leute in der Periode nach der politischen Zerschlagung der Sinowjewleute, Trotzkisten und Rechtsabweichler, nach den großen Siegen des sozialistischen Aufbaus sich als »doppelzünglerisch« herausstellten, ins Lager der Feinde des Sozialismus übergingen?

Dies geschah im Ergebnis des Machtmißbrauchs durch Stalin, der den Massenterror gegen die Parteikader anzuwenden begann.

Warum verstärkten sich die Massenrepressalien gegen die Aktivisten nach dem XVII. Parteitag immer mehr? Deshalb, weil Stalin in dieser Zeit sich so über die Partei und das Volk stellte, daß er überhaupt weder mit dem ZK noch mit der Partei rechnete. Wenn er auch vor dem XVII. Parteitag noch die Meinung des Kollektivs respektierte, so beachtete Stalin nach der vollständigen politischen Zerschlagung der Trotzkisten, Sinowjew- und Bucharinleute, als im Ergebnis dieses Kampfes und des Sieges des Sozialismus die Einheit der Partei und des Volkes erlangt wurde, in immer größerem Maße weder die ZK-Mitglieder noch die Mitglieder des Politbüros. Stalin dachte, daß er seinerzeit selbst in allen Angelegenheiten entscheiden konnte und die übrigen ihm nur als Statisten vonnöten seien; alle anderen galten für ihn nur als Zuhörer und Lobspender.

Nach der verbrecherischen Ermordung S. M. Kirows begannen Massenrepressalien, und es gab brutale Akte der Verletzung der sozialistischen Gesetzlichkeit. Am Abend des 1. Dezember 1934 unterschrieb der Sekretär des Präsidiums des Zentralexekutivkomitees Jenukidse[25] auf Initiative Stalins (ohne Beschluß des Politbüros; dieses wurde erst zwei Tage später beiläufig unterrichtet) folgende Anordnung[26]:

»I. Die Untersuchungsbehörden werden angewiesen, die Angelegenheiten der der Vorbereitung und Durchführung von Terrorakten Beschuldigten im Schnellverfahren durchzuführen.

II. Die Gerichtsorgane werden angewiesen, im Zusammenhang mit der von Straffälligen dieser Kategorie geäußerten Bitte auf Gnadenerlaß von der Ausführung des Todesurteils keinen Abstand zu nehmen, da das Präsidium des Zentralexekutivkomitees der UdSSR es nicht für möglich hält, derartige Bitten zur Bearbeitung anzunehmen.

III. Die Organe des Kommissariats für Innere Angelegenheiten (NKWD) werden angewiesen, Todesurteile gegen oben genannte Kategorien von Verbrechern sofort nach Verhängung der Urteile zu vollstrecken.«

Diese Verfügung bildete die Grundlage für massenhafte Verletzungen der sozialistischen Gesetzlichkeit. In vielen zurechtgezimmerten gerichtlichen Verfahren wurde den Beschuldigten die »Vorbereitung« von Terrorakten zugeschrieben, und das beraubte die Angeklagten jeglicher Möglichkeit der Revision ihrer Angelegenheiten selbst dann, wenn sie vor Gericht die von ihnen erzwungenen »Geständnisse« widerriefen und die gegen sie vorgebrachten Anklagen auf überzeugende Art zu Fall brachten.

Man muß feststellen, daß die Umstände der Ermordung des Gen. Kirow bislang in sich viele unverständliche und rätselhafte Fragen bergen und gründlichste Untersuchungen verlangen. Es gibt Anhaltspunkte für die Ansicht, daß dem Mörder Kirows, Nikolajew, irgend jemand aus dem Personenschutz Kirows geholfen hat. Eineinhalb Monate vor dem Mord war Nikolajew[27] wegen verdächtigen Verhaltens verhaftet worden, doch man hat ihn auf freien Fuß gesetzt und nicht einmal eine Untersuchung durchgeführt. Äußerst verdächtig ist der Umstand, daß ein am 2. Dezember zum Verhör transportierter Tschekist, der Kirow zugeteilt worden war, bei einem »Verkehrsunfall« umkam, während keine der ihn begleitenden Personen verletzt wurde. Nach der Ermordung Kirows wurden leitende Mitarbeiter des Leningrader NKWD ihrer Funktionen enthoben und zu sehr milden Strafen verurteilt, aber 1937 wurden sie erschossen. Man darf vermuten, daß sie erschossen wurden, um die Spuren der Organisatoren des Mordes an Kirow zu verwischen. (Bewegung im Saal.)

Die Massenrepressalien verstärkten sich gewaltig seit Ende 1936, nach dem Telegramm Stalins und Shdanows[28] aus Sotschi vom 25. September 1936, das an Kaganowitsch[29], Molotow[30] und andere Mitglieder des Politbüros adressiert war. Der Inhalt des Telegramms war folgender:

»Wir erachten es für absolut notwendig und dringend,

Gen. Jeshow[31] mit dem Posten des Volkskommissars für Innere Angelegenheiten zu betrauen. Jagoda[32] stand deutlich nicht auf der Höhe der Aufgaben bei der Entlarvung des trotzkistisch-sinowjewistischen Blocks. **Die OGPU[33] ist in dieser Frage um vier Jahre in Verzug.** Davon reden alle Parteiarbeiter und die Mehrheit der Bezirksvertreter des NKWD.« Richtigerweise sollte man unterstreichen, daß Stalin mit Parteiarbeitern nicht zusammentraf und deshalb ihre Meinung auch nicht kennen konnte.

Die Stalinsche Formulierung, wonach bei der Anwendung von Massenrepressalien das NKWD »um vier Jahre in Verzug« war, daß man die Verspätungen schnell »aufholen« solle, trieb die Mitarbeiter des NKWD direkt auf den Weg der Massenverhaftungen und Exekutionen.

Man muß feststellen, daß diese Formulierung auch der Februar/März-Tagung des ZK der KPdSU im Jahre 1937 aufgezwungen wurde. Die Resolution des Plenums, die auf der Grundlage des Referats von Jeshow »Die Lehren aus der Sabotagetätigkeit, Diversion und Spionage von japanisch-deutsch-trotzkistischen Agenten« beschlossen wurde, lautete:

»Das Plenum des ZK der KPdSU(B) ist der Ansicht, daß alle Fakten, die während der Untersuchung der Frage des antisowjetischen trotzkistischen Zentrums und seiner Anhänger im Territorium aufgedeckt wurden, davon zeugen, daß das Volkskommissariat für Innere Angelegenheiten sich mindestens um vier Jahre in der Entlarvung dieser schlimmsten Volksfeinde verspätet hat.«

Die Massenrepressalien wurden zu dieser Zeit unter der Losung des Kampfes gegen die Trotzkisten durchgeführt. Stellten denn die Trotzkisten zu jener Zeit wirklich eine solche Gefahr für unsere Partei und den Sowjetstaat dar? Es sollte daran erinnert werden, daß im Jahre 1927, am Vortage des XV. Parteitages, für die trotzkistisch-sinowjewistische Opposition lediglich 4 000 Personen stimmten, während sich für die Parteilinie 724 000 aussprachen. Im Laufe von zehn Jahren, die zwischen dem XV. Parteitag und dem Februar/

März-Plenum des ZK vergingen, wurde der Trotzkismus vollkommen zerschlagen, viele ehemalige Trotzkisten sagten sich von ihren früheren Ansichten los und arbeiteten an verschiedenen Abschnitten des sozialistischen Aufbaus. Klar ist, daß es unter den Bedingungen des Sieges des Sozialismus keine Grundlagen für Massenterror im Lande gab.

Stalins Referat auf dem Februar/März-Plenum 1937 »Über die Mängel der Parteiarbeit und die Maßnahmen zur Liquidierung der trotzkistischen und sonstigen Doppelzüngler« enthielt einen Versuch der theoretischen Begründung der Politik von Massenrepressalien unter dem Vorwand, daß im Zuge unseres Voranschreitens zum Sozialismus der Klassenkampf sich angeblich immer mehr zuspitzen mußte. Stalin behauptete dabei, daß sowohl die Geschichte als auch Lenin dies lehrten.

In Wirklichkeit aber wies Lenin darauf hin, daß die Anwendung revolutionärer Gewalt von der Notwendigkeit bestimmt wird, den Widerstand der Ausbeuterklassen zu ersticken, und diese Hinweise Lenins bezogen sich auf die Periode, als noch starke Ausbeuterklassen existierten. Als sich die politische Situation im Lande verbesserte, als im Januar 1920 Rostow von der Roten Armee eingenommen und der Sieg über Denikin in der Hauptsache errungen war, gab Lenin Dzierżyński eine Instruktion zur Beendigung des Massenterrors und zur Aufhebung der Todesstrafe. Lenin begründete diesen wichtigen politischen Schritt der Sowjetmacht in seinem Bericht auf der Sitzung des Gesamtrussischen Zentralexekutivkomitees am 2. Februar 1920 auf folgende Weise:

»Der Terror wurde uns durch den Terrorismus der Entente aufgezwungen, als die stärksten Mächte der Welt, vor nichts zurückschreckend, mit ihren Horden über uns herfielen. Wir hätten uns keine zwei Tage halten können, wären wir diesen Versuchen der Offiziere und Weißgardisten nicht ohne Erbarmen begegnet, und das bedeutete Terror, aber der Terror wurde uns durch die terroristischen Methoden der Entente aufgezwungen. Sobald wir aber den entscheidenden Sieg errungen hatten, noch vor Beendigung des Krieges, sofort nach der Einnahme von Rostow, verzichteten wir auf die Anwendung der Todesstrafe und zeigten damit, daß wir zu unserem eigenen Programm so stehen, wie wir es versprochen haben. Wir erklären, daß sich die Anwendung von Gewalt aus der Aufgabe ergibt, die Ausbeuter, die Gutsbesitzer und Kapitalisten, zu unterdrücken; wenn das getan ist, verzichten wir auf alle außerordentlichen Maßnahmen. Wir haben das durch die Tat bewiesen.«[34]

Stalin ging von diesen deutlichen und klaren programmatischen Weisungen Lenins ab. Später, als bereits alle Ausbeuterklassen in unserem Land liquidiert worden waren und es keinerlei ernsthafte Gründe zur massenhaften Anwendung außerordentlicher Mittel, von Massenterror, gab, da stellte Stalin die Partei, die Organe des NKWD auf den Massenterror ein.

Dieser Terror war faktisch nicht gegen die Überreste der zerschlagenen Ausbeuterklassen gerichtet, sondern gegen ehrliche Kader der Partei und des Sowjetstaates, gegen die verlogene, verleumderische und unsachliche Vorwürfe der »Doppelzüngelei«, »Spionagetätigkeit«, »Sabotage« und Vorbereitung irgendwelcher erdachter »Attentate« vorgebracht wurden.

Auf dem Februar/März-Plenum im Jahre 1937 bezweifelten viele ZK-Mitglieder im Grunde genommen die Richtigkeit des Kurses der Massenrepressalien, der unter dem Vorwand des Kampfes gegen die »Doppelzüngler« eingeschlagen worden war.

Am deutlichsten drückte diese Zweifel Gen. Postyschew[35] aus. Er sagte:

»Ich verstehe es so: Es sind schwere Jahre des Kampfes vergangen, rückgratlose Parteimitglieder zerbrachen oder gingen ins Lager der Feinde über, die gesunden Elemente kämpften um die Sache der Partei. Das waren die Jahre der Industrialisierung, der Kollektivierung. Ich hätte mir nie vorstellen können, daß nach Ablauf dieser schweren Periode Karpow und seinesgleichen sich im Lager der Feinde befinden würden.[36] Aus Aussagen ergibt sich angeblich, daß Karpow 1934 von den Trotzkisten geworben wurde. Ich persönlich meine, daß es unglaubwürdig ist, daß 1934 ein ehrliches Parteimitglied, das den langen Weg des erbitterten Kampfes gegen die Feinde für die Sache der Partei, für den Sozialismus gegangen ist, sich im Lager der Feinde wiederfinden sollte. Ich glaube nicht daran. Ich kann mir nicht vorstellen, daß man zusammen mit der Partei schwere Jahre gehen und dann 1934 zu den Trotzkisten überwechseln kann. Das ist eine eigenartige Sache ...«

Indem sie sich der Formulierung Stalins bedienten, wonach es immer mehr Feinde geben wird, je näher man dem Sozialismus kommt, und sich auf die zum Referat von Jeschow beschlossene Resolution des Februar/März-Plenums beriefen, begannen in die Staatssicherheitsorgane eingedrungene Provokateure und gewissenlose Karrieristen, den Massenterror gegen Kader der Partei und des Sowjetstaates, gegen einfache Sowjetbürger mit dem Namen der Partei zu tarnen. Es genügt zu sagen, daß die Anzahl derjenigen, die aufgrund von Beschuldigungen wegen konterrevolutionärer Verbrechen verhaftet wurden, sich im Jahre 1937 im Vergleich zu 1936 um mehr als das *Zehnfache* vergrößerte.

Es ist bekannt, mit welcher brutalen Willkür auch gegen leitende Funktionäre der Partei vorgegangen wurde. Das Parteistatut, das vom XVII. Parteitag angenommen wurde, beruhte auf den Leninschen Weisungen aus der Zeit des X. Parteitages und besagte, daß man, um gegen ein Mitglied des ZK, einen Kandidaten des ZK oder ein Mitglied der Parteikontrollkommission eine äußerste Maßnahme wie den Parteiausschluß anzuwenden, ein Plenum des ZK einberufen und zu diesem Plenum »alle Kandidaten des ZK sowie alle Mitglieder der Parteikontrollkommission«[37] laden müsse. Nur unter der Bedingung, daß eine solche Gesamtversammlung verantwortlicher hoher Parteifunktionäre mit Zweidrittelmehrheit es für nötig erachtet, kann der Parteiausschluß eines Mitglieds oder Kandidaten des ZK verfügt werden.

Die Mehrheit der Mitglieder und Kandidaten des ZK, die

durch den XVII. Parteitag gewählt und in den Jahren 1937/1938 verhaftet wurden, wurde aus der Partei widerrechtlich, unter brutaler Verletzung des Statuts, ausgeschlossen, weil die Frage ihres Ausschlusses nicht von einem ZK-Plenum erörtert wurde.

Heute, da die Fälle einiger dieser angeblichen »Spione« und »Schädlinge« untersucht worden sind, wurde festgestellt, daß diese Dinge zurechtgezimmert worden sind. Das Schuldbekenntnis vieler Verhafteter und wegen feindlicher Aktivitäten Angeklagter ist mit Hilfe grausamer, unmenschlicher Folterungen erreicht worden.

Wie Mitglieder des damaligen Politbüros informieren, hat Stalin ihnen die Erklärungen einer Reihe verleumdeter politischer Funktionäre vorenthalten, wenn diese ihre Aussagen vor dem Militärtribunal zurücknahmen und um eine objektive Untersuchung ihrer Angelegenheit baten. Solche Erklärungen gab es nicht wenige, und Stalin kannte sie zweifellos.

Das Zentralkomitee erachtet es für erforderlich, den Parteitag über viele konstruierte »Fälle« von Mitgliedern des ZK zu informieren, die auf dem XVII. Parteitag gewählt worden waren.

Ein Beispiel einer gemeinen Provokation, einer widerwärtigen Fälschung und einer verbrecherischen Verletzung der revolutionären Gesetzlichkeit ist der Fall des ehemaligen Kandidaten des Politbüros, eines führenden Partei- und sowjetischen Staatsfunktionärs, des Genossen Eiche[38], Mitglied der Partei seit dem Jahre 1905.

Gen. Eiche wurde am 29. April 1938 auf der Grundlage verleumderischer Materialien verhaftet, ohne Zustimmung des Staatsanwalts der UdSSR, die erst 15 Monate nach der Verhaftung erlangt wurde.

Die Untersuchung des Falles Eiche wurde unter Bedingungen der gröbsten Verletzung der sowjetischen Rechtsprechung, der Willkür und der Fälschungen durchgeführt.

Eiche wurde durch Folterungen zur Unterzeichnung von Aussageprotokollen gezwungen, die die Untersuchungsrichter vorformuliert hatten, in denen gegen ihn selbst und eine

Reihe hervorragender Partei- und Sowjetfunktionäre Anklagen wegen antisowjetischer Tätigkeit vorgebracht wurden.

Am 1. Oktober 1939 übermittelte Eiche zu Händen Stalins eine Erklärung, in der er kategorisch seine Schuld bestritt und um die Untersuchung seines Falles bat. In der Erklärung schrieb er:

»Es gibt keine größere Qual, als im Gefängnis einer Gesellschaftsordnung zu sitzen, um die ich immer gekämpft habe.«

Es hat sich eine zweite Erklärung Eiches erhalten, die er am 27. Oktober 1939 an Stalin schickte und in der er überzeugend, auf Tatsachen gestützt, die gegen ihn gerichteten verleumderischen Anklagen zu Fall brachte und nachwies, daß die provokatorischen Anschuldigungen einerseits das Werk echter Trotzkisten waren, die sich verabredet hatten, sich an ihm zu rächen, weil er als 1. Sekretär des Westsibirischen Gebietskomitees der Partei ihre Verhaftung sanktioniert hatte, und zum anderen das Resultat einer gemeinen Fälschung der Materialien durch die Untersuchungsrichter.

Eiche schrieb in seiner Erklärung:

»Am 25. Oktober d. J. wurde ich über den Abschluß der Untersuchung meines Falles informiert, und mir wurde gestattet, mich mit den Untersuchungsmaterialien vertraut zu machen. Wenn ich auch nur in einem Hundertstel auch nur eines der mir zur Last gelegten Verbrechen schuldig wäre – ich würde es nicht wagen, Ihnen diese vor dem Tode geschriebene Erklärung zu übermitteln, doch ich habe kein einziges der mir vorgeworfenen Verbrechen begangen, und in meinem Herzen hat es niemals auch nur den Schatten einer Niederträchtigkeit gegeben. Zu keiner Zeit meines Lebens habe ich Ihnen gegenüber ein unwahres Wort gesagt, und jetzt, da ich mich mit beiden Beinen schon im Grab befinde, belüge ich Sie ebenfalls nicht. Mein gesamter Fall ist ein typisches Beispiel einer Provokation, von Verleumdung und Vergewaltigung der elementaren Grundlagen der revolutionären Gesetzlichkeit.

... Die in den Untersuchungsakten befindlichen, mich belastenden Aussagen sind nicht nur unsinnig, sondern enthalten in vielen Punkten Verleumdungen gegen das ZK der KPdSU(B) und den Rat der Volkskommissare. So wurde mir angelastet, ich hätte die nicht auf meine Initiative und ohne meine Beteiligung zustandegekommenen richtigen Beschlüsse dieser Organe als feindliche Akte einer konterrevolutionären Organisation dargestellt.

Nun komme ich zum schändlichsten Abschnitt meines Lebens und meiner tatsächlich schweren Schuld der Partei und Ihnen gegenüber. Das ist mein Geständnis konterrevolutionärer Tätigkeit ... Die Sache war so: Ich hielt die Folterungen nicht mehr aus, die Uschakow und Nikolajew[39] gegen mich anwandten, und zwar besonders der erstgenannte, der die Tatsache ausnutzte, daß meine Wirbel, die gebrochen waren, schlecht verheilten, und der mir unerträgliche Schmerzen zufügte. Sie zwangen mich zur Verleumdung der eigenen Person und zur Verleumdung anderer.

Die Mehrzahl meiner Aussagen suggerierte oder diktierte Uschakow. Die übrigen gab ich aus dem Gedächtnis aus den Materialien des NKWD von Westsibirien wieder, wobei ich mir alle die in den NKWD-Materialien angeführten Fakten zuschrieb. Wenn in der von Uschakow fabrizierten und von mir unterschriebenen Lesart etwas nicht ganz stimmte, wurde ich gezwungen, eine andere Variante zu unterschreiben. So war es im Fall Ruchimowitsch[40], den man anfangs zum Reservezentrum rechnete, was später – ohne es mir mitzuteilen – wieder gestrichen wurde, dasselbe galt für den Vorsitzenden des angeblich von Bucharin 1935 geschaffenen Reservezentrums. Zuerst trug ich meinen Namen ein, später wurde mir aufgetragen, den von Meshlauk[41] einzutragen, und es gab viele ähnliche Vorkommnisse ... Ich bitte Sie und flehe Sie an, anzuweisen, daß mein Fall erneut untersucht wird, und zwar nicht, um mich zu schonen, sondern um die nichtswürdige Provokation aufzudecken, die wie eine Schlange viele Menschen umwickelt hat, insbesondere wegen meiner Verzagtheit und der verbrecherischen Beschuldigung. Sie und die Partei habe ich niemals verraten. Ich weiß, daß ich infolge der unwürdigen, niederträchtigen Tätigkeit von Feinden der Partei und des Volkes umkommen werde, die eine Provokation gegen mich zurechtgebastelt haben.«

Es hätte sich gehört, daß eine so wichtige Erklärung vom ZK unbedingt erörtert worden wäre. Doch dazu kam es nicht, die Erklärung wurde an Berija übermittelt, und die grausame Mißhandlung des verleumdeten Politbürokandidaten Gen. Eiche dauerte an.

Am 2. Februar 1940 stand Gen. Eiche vor Gericht. Im Gerichtssaal bekannte sich Gen. Eiche nicht zu seiner Schuld und erklärte folgendes:

»In allen meinen angeblichen Aussagen gibt es keinen einzigen von mir selbst stammenden Buchstaben mit Ausnahme der Unterschriften unter den Protokollen, zu denen man mich gezwungen hat. Die Aussagen machte ich unter dem Druck des Untersuchungsrichters, der mich vom Beginn meiner Verhaftung an mißhandelte. Daraufhin begann ich sämtliche Dummheiten zu schreiben … Die Hauptsache ist für mich, dem Gericht, der Partei und Stalin zu sagen, daß ich nicht schuldig bin. Niemals war ich an einer Verschwörung beteiligt. Ich sterbe mit demselben Glauben an die Richtigkeit der Politik der Partei, wie ich an sie im Verlauf meiner gesamten Arbeit geglaubt habe.«

Am 4. Februar wurde Eiche erschossen. Heute steht unbestreitbar fest, daß der Fall Eiche fabriziert worden ist; Eiche wurde postum rehabilitiert.

Vollständig zog der Kandidat des Politbüros Gen. Rudzutaks[42], Mitglied der Partei seit 1905, vor Gericht seine erzwungenen Aussagen zurück. Er hatte zehn Jahre in zaristischer Verbannung verbracht. Das Sitzungsprotokoll des Militärkollegiums des Obersten Gerichts enthält folgende Erklärung Rudzutaks':

»… Die einzige Bitte, die er an das Gericht hat, ist die, dem ZK der KPdSU(B) zur Kenntnis zu geben, daß in den Organen des NKWD ein noch nicht liquidiertes Zentrum existiert, das künstlich Fälle konstruiert und völlig unschuldige Menschen dazu zwingt, sich schuldig zu bekennen; daß es keine Möglichkeit gibt, die Umstände der Anklage zu untersuchen und es überhaupt nicht möglich ist, seine eigene Nichtbeteiligung an Verbrechen zu beweisen, von denen in diesen oder jenen Aussagen verschiedener Personen die Rede ist. Die Untersuchungsmethoden sind so, daß sie dazu zwingen, zu lügen und völlig unschuldige Menschen, vom Angeklagten selber gar nicht zu reden, zu verleumden. Er bittet das Gericht, ihm zu ermöglichen, all das dem ZK der KPdSU(B) zu schreiben. Er versichert dem Gericht, daß er persönlich niemals irgendwelche bösen Absichten gegenüber der Politik unserer Partei gehabt habe, weil er stets mit der Parteipolitik in allen Bereichen des ökonomischen und kulturellen Aufbaus übereinstimmte.«

Diese Erklärung Rudzutaks' wurde ignoriert, obwohl dieser bekanntlich seinerzeit Vorsitzender der Zentralen Parteikontrollkommission gewesen war, die entsprechend der Konzeption Lenins zum Kampf für die Einheit der Partei geschaffen wurde. So wurde der Vorsitzende eines so maßgeblichen Parteiorgans ein Opfer brutaler Willkür: er wurde nicht einmal vor das Politbüro gerufen, Stalin wollte nicht mit ihm reden. Er wurde innerhalb von 20 Minuten verurteilt und erschossen.

Nach exakter Untersuchung des Falles im Jahre 1955 wurde festgestellt, daß die Anklage gegen Rudzutaks gefälscht war und daß er auf der Grundlage verleumderischer Materialien verurteilt wurde. Rudzutaks wurde postum rehabilitiert.

Auf welche Weise damalige Mitarbeiter des NKWD künstlich, mittels provokatorischer Methoden verschiedene »antisowjetische Zentren« und »Blöcke« zurechtzimmerten, geht aus den Aussagen des Gen. Rosenblum hervor, Parteimitglied seit 1906, der von der Leningrader Abteilung des NKWD 1937 verhaftet worden war.

Während der Überprüfung des Falls Komarow[43] im Jahre 1955 informierte Rosenblum über folgenden Fakt: Als man ihn, Rosenblum, 1937 verhaftete, wurde er grausamen Folterungen unterworfen, in deren Verlauf von ihm lügenhafte

Aussagen erzwungen wurden, die sowohl ihn selbst als auch andere Personen betrafen. Anschließend wurde er ins Dienstzimmer von Sakowski[44] geführt, der ihm die Entlassung unter der Bedingung anbot, daß er vor Gericht unwahre Aussagen in dem 1937 vom NKWD fabrizierten Fall »des Leningrader Sabotage-, Terror-, Diversions- und Spionagezentrums« mache. Mit unglaublichem Zynismus enthüllte Sakowski den widerwärtigen »Mechanismus« der künstlichen Schaffung erfundener »antisowjetischer Verschwörungen«.

»Um mir das zu veranschaulichen«, erklärte Rosenblum, »legte Sakowski mir einige Varianten eventueller Schemata dieses Zentrums und seiner Verzweigungen vor.

Nachdem er mich mit diesen Schemata vertraut gemacht hatte, sagte Sakowski, daß das NKWD den Fall dieses Zentrums vorbereitet, mit dem Hinweis, daß der Prozeß öffentlich sein werde.

Vor Gericht gebracht werden sollte die Führungsspitze des Zentrums, vier bis fünf Personen: Tschudow[45], Ugarow[46], Smorodin[47], Posern[48], Schaposchnikowa[49] (die Frau Tschudows) und andere, sowie aus jeder Filiale 2−3 Personen.

… Der Fall des Leningrader Zentrums sollte solide behandelt werden, und hierbei hätten die Zeugen entscheidende Bedeutung. Keine geringe Rolle spiele hierbei auch die gesellschaftliche Position (natürlich in der Vergangenheit) und die Dauer der Parteizugehörigkeit des Zeugen.

›Du selbst‹, sagte Sakowski, ›wirst nichts erfinden müssen. Das NKWD bereitet für dich einen fertigen Konspekt für jede Filiale einzeln vor, deine Sache ist es, das zu lernen, alle Fragen gut in Erinnerung zu behalten und zu beantworten, die vom Gericht gestellt werden können. Der Fall wird im Laufe von vier bis fünf Monaten vorbereitet, vielleicht auch innerhalb eines halben Jahres. In dieser Zeit wirst du dich vorbereiten, um die Untersuchung und dich selbst nicht zu kompromittieren. Von Verlauf und Ergebnis des Prozesses wird dein weiteres Schicksal abhängen. Wenn du versagst und Unsinn zu reden beginnst, mach dir dann selbst den

Vorwurf. Wenn du aushältst, rettest du deinen Kopf, und wir werden dich bis zum Tode auf Kosten des Staates unterhalten und kleiden.‹«

Welch schäbige Dinge sind damals geschehen!

In noch breiterem Maßstab wurde die Fälschung von Strafverfahren im Territorium betrieben. Die NKWD-Verwaltung des Swerdlowsker Gebiets »entdeckte« den sogenannten Aufstandsstab des Uralgebiets – Organ eines Blocks von Rechten, Trotzkisten, Sozialrevolutionären und Kirchenleuten –, an dessen Spitze angeblich der Sekretär des Swerdlowsker Gebietskomitees der Partei, Mitglied des ZK der KPdSU(B) Kabakow[50] gestanden habe, der seit 1914 der Partei angehörte. Aus den Untersuchungsmaterialien dieser Zeit geht hervor, daß in fast allen Regionen, Gebieten und Republiken weitverzweigte »rechtstrotzkistische Spionage- und Terror-, Diversions- und Sabotage-Organisationen und -Zentren« existiert und daß an der Spitze dieser »Organisationen« und »Zentren« in der Regel – unbekannt, weshalb – die ersten Sekretäre der Gebiets- und Regionskomitees oder der Zentralkomitees der nationalen kommunistischen Parteien gestanden hätten.

Im Ergebnis dieser ungeheuerlichen Fälschung solcher »Fälle«, als Folge dessen, daß verschiedenen verleumderischen »Aussagen« sowie erzwungenen Selbstbeschuldigungen und Anschwärzungen anderer Glauben geschenkt wurde, sind viele Tausende ehrliche, unschuldige Kommunisten umgekommen. Auf die gleiche Art und Weise wurden die »Fälle« so hervorragender Partei- und Staatsfunktionäre wie Kossior[51], Tschubar[52], Postyschew[35], Kossarew[53] und anderer konstruiert.

In diesen Jahren sind durch nichts gerechtfertigte Massenrepressalien angewandt worden, in deren Ergebnis die Partei große Verluste ihrer Kader erlitt.

Eingebürgert hatte sich die verbrecherische Praxis, im NKWD Listen derjenigen Personen anzufertigen, deren Fälle der Erörterung durch das Militärkollegium unterlagen und für die von vornherein das Strafmaß festgelegt wurde.

Diese Listen übermittelte Jeshow an Stalin persönlich, damit er die vorgeschlagenen Strafen bestätigte. In den Jahren 1937/1938 sind 383 solche Listen an Stalin geschickt worden, die viele tausend Partei-, Sowjet-, Komsomol-, Militär- und Wirtschaftsfunktionäre betrafen und die seine Billigung fanden.

Ein bedeutender Teil dieser Verfahren wird gegenwärtig der Revision unterzogen und eine große Zahl davon als unbegründet und gefälscht gelöscht. Es genügt zu sagen, daß seit 1954 bis jetzt das Militärkollegium des Obersten Gerichts bereits 7 679 Personen rehabilitiert hat, wobei viele von ihnen postum rehabilitiert wurden.

Die Massenverhaftungen von Partei-, Sowjet-, Wirtschafts- und Militärfunktionären haben unserem Land, der Sache des sozialistischen Aufbaus gewaltige Schäden zugefügt.

Die Massenrepressalien hatten einen ungünstigen Einfluß auf den politisch-moralischen Zustand der Partei, brachten Unsicherheit hervor, trugen zur Verbreitung krankhaften Argwohns bei, säten gegenseitiges Mißtrauen zwischen den Kommunisten. Verleumder und Karrieristen aller Art erhielten Auftrieb.

Eine gewisse Gesundung der Parteiorganisationen brachten die Beschlüsse des Januar-Plenums des ZK der KPdSU(B) im Jahre 1938. Doch die breitangelegten Repressalien dauerten auch 1938 an.

Und nur weil unsere Partei über große moralisch-politische Kraft verfügt, konnte sie mit den schweren Ereignissen der Jahre 1937/1938 fertigwerden, diese Ereignisse überleben und neue Kader heranziehen. Doch es besteht kein Zweifel, daß unser Vormarsch zum Sozialismus und die Vorbereitung auf die Verteidigung des Landes bedeutend erfolgreicher verlaufen wären, wenn es nicht die gewaltigen Verluste bei den Kadern gegeben hätte, die wir infolge der massenhaften, unbegründeten und ungerechtfertigten Repressalien in den Jahren 1937/1938 erlitten.

Wir klagen Jeshow völlig zu Recht der Anwendung entarteter Praktiken im Jahre 1937 an. Doch man muß auch auf solche Fragen antworten: Konnte Jeshow selbst ohne Stalins Wissen beispielsweise Kossior verhaften? Gab es einen Meinungsaustausch oder einen Beschluß des Politbüros in dieser Angelegenheit? Nein, es gab sie nicht, so wie es sie auch in anderen derartigen Fällen nicht gab. Konnte Jeshow über derart wichtige Fragen entscheiden wie das Schicksal hervorragender Parteifunktionäre? Nein, es wäre naiv, dies für das Werk Jeshows allein zu halten. Klar ist, daß über solche Dinge Stalin entschied, daß ohne seine Weisungen, ohne seine Zustimmung Jeshow nichts hätte tun können.

Wir haben jetzt die Fälle Kossior, Rudzutaks, Postyschew, Kossarew und andere untersucht und diese Genossen rehabilitiert. Auf welcher Grundlage hatte man sie verhaftet und verurteilt? Die Prüfung der Unterlagen zeigte, daß es dafür keinerlei Grundlagen gab. Man hat sie ähnlich wie viele andere ohne Zustimmung des Staatsanwalts verhaftet. Unter diesen Bedingungen war auch keinerlei Zustimmung nötig; welche Zustimmung konnte es noch geben, wenn Stalin über alles entschied? Er war der Oberstaatsanwalt in diesen Fragen. Stalin erteilte nicht nur die Erlaubnis, er gab sogar auf eigene Initiative Weisungen für Festnahmen. Man muß das sagen, damit für die Parteitagsdelegierten alles klar ist, damit sie das richtig beurteilen und entsprechende Schlußfolgerungen ziehen können.

Die Tatsachen beweisen, daß viele Mißbräuche auf Weisung Stalins erfolgten, ohne irgendwelche Normen der parteilichen und sowjetischen Gesetzlichkeit zu beachten. Stalin war ein sehr mißtrauischer Mensch mit krankhaftem Argwohn, wovon wir, die wir mit ihm arbeiteten, uns überzeugen konnten. Er konnte einen Menschen ansehen und sagen: »Warum haben Sie heute einen so unruhigen Blick?« oder: »Weshalb wenden Sie sich heute so oft um und sehen mir nicht direkt in die Augen?« Der krankhafte Argwohn rief bei ihm wahlloses Mißtrauen hervor, darunter auch im Verhältnis zu hervorragenden Parteifunktionären, die er seit vielen Jahren kannte. Überall, auf Schritt und Tritt, sah er »Feinde«, »Doppelzüngler« und »Spione«.

Im Besitz einer unbeschränkten Macht tolerierte er grausame Willkür, erdrückte er die Menschen moralisch und physisch. Es entstand eine solche Situation, in der der Mensch seinen eigenen Willen nicht vorbringen konnte.

Wenn Stalin sagte, der oder jener sei festzunehmen, so mußte man glauben, daß dies ein »Volksfeind« war. Und die Berija-Bande, die die Macht in den Staatssicherheitsorganen hatte, ließ nichts unversucht, um die Schuld der verhafteten Personen und die Schlüssigkeit der von ihr fabrizierten Materialien zu beweisen. Und welche Beweise wurden vorgelegt? Das Geständnis der Verhafteten. Und die Untersuchungsrichter führten diese »Geständnisse« herbei. Aber wie kann man einen Menschen dazu bringen, sich zu einem Verbrechen zu bekennen, das er nie begangen hat? Nur auf eine Art – durch Anwendung von physischen Methoden der Beeinflussung, durch Folter, Beraubung des Bewußtseins, des Verstandes, der menschlichen Würde. Auf diese Weise wurden die »Geständnisse« erreicht.

Als die Welle von Massenrepressalien 1939 abzuflauen begann, als die Führer von territorialen Parteiorganisationen begannen, Mitarbeiter des NKWD der Anwendung physischer Einwirkungsmethoden gegenüber Verhafteten anzuklagen, richtete Stalin am 10. Januar 1939 ein chiffriertes Telegramm an die Sekretäre der Gebiets- und Regionskomitees, an die Zentralkomitees der nationalen kommunistischen Parteien, an die Volkskommissare für Innere Angelegenheiten und die Chefs der NKWD-Verwaltungen. Das Telegramm lautete:

»Das ZK der KPdSU(B) erklärt, daß die Anwendung physischer Einwirkung in der Praxis des NKWD seit 1937 mit Erlaubnis des ZK der KPdSU(B) zugelassen ist ... Bekannt ist, daß alle bürgerlichen Geheimdienste physische Einwirkung gegenüber den Vertretern des sozialistischen Proletariats anwenden, und zwar in den abscheulichsten Formen. Es erhebt sich die Frage, warum ein sozialistischer Geheimdienst gegenüber erbitterten Agenten der Bourgeoisie, gegenüber Todfeinden der Arbeiterklasse und der Kolchosbauern humaner sein sollte. Das ZK der KPdSU(B) ist der Ansicht, daß die Methode der physischen Einwirkung auch weiterhin unbedingt gegenüber offenen und sich nicht ergebenden Feinden des Volkes als vollkommen richtige und zweckmäßige Methode ausnahmsweise angewendet werden sollte.«

Somit wurden die brutalste Verletzung der sozialistischen Gesetzlichkeit, die Folter, die Quälerei, die – wie zuvor bereits festgestellt – zur Diffamierung und Selbstanschwärzung unschuldiger Menschen führten, durch Stalin im Namen des ZK der KPdSU(B) sanktioniert.

Kürzlich, nur einige Tage vor dem jetzigen Parteitag, haben wir den Untersuchungsrichter Rodos[54], der seinerzeit die Untersuchung und Verhöre im Fall von Kossior, Tschubar und Kossarew führte, zu einer Sitzung des ZK-Präsidiums geladen und befragt. Das ist ein elender Mensch mit einem Spatzenhirn, in moralischer Hinsicht buchstäblich eine Mißgeburt. Und solch ein Mensch entschied über das Schicksal hervorragender Parteifunktionäre, entschied auch über die Politik in diesen Fragen, da er ja durch den Nachweis ihres »Verbrechertums« zugleich Material für ernsthafte politische Schlußfolgerungen lieferte.

Es erhebt sich die Frage, ob ein derartiger Mensch die Untersuchung so führen konnte, um die Schuld solcher Menschen wie Kossior und anderer nachzuweisen. Nein, das konnte er nicht ohne die entsprechenden Weisungen. Auf der Sitzung des Präsidiums des ZK erklärte er uns folgendes:

»Man hat mir gesagt, daß Kossior und Tschubar Volksfeinde sind, deshalb mußte ich als Untersuchungsrichter von ihnen das Geständnis erlangen, daß sie Feinde sind.«

Er konnte dahin nur über den Weg lang andauernder Folterungen gelangen, was er auch tat, wobei er detaillierte Instruktionen von Berija erhielt. Man muß sagen, daß Rodos auf der Sitzung des ZK-Präsidiums zynisch erklärte: »Ich glaubte, daß ich die Weisung der Partei ausführte.« So also wurde die Weisung Stalins in der Frage der Anwendung von

Methoden der physischen Einwirkung gegenüber Verhafteten ausgeführt.

Diese und viele andere Fakten zeugen davon, daß jegliche Normen der angemessenen, parteilichen Lösung von Problemen ausgeschaltet wurden, daß alles der Willkür einer einzelnen Person untergeordnet wurde.

Die Einzelherrschaft Stalins führte zu schweren Folgen im Verlauf des Großen Vaterländischen Krieges.

Nimmt man unsere zahlreichen historischen Romane, Filme und historischen »wissenschaftlichen Studien«, so wird in ihnen die Rolle Stalins im Vaterländischen Krieg ganz und gar nicht wahrheitsgemäß dargestellt. Gewöhnlich zeichnet man folgendes Schema: Stalin hat alles vorausgesehen. Die Sowjetarmee verfolgte, wahrscheinlich aufgrund des von Stalin ausgearbeiteten strategischen Plans, die Taktik der aktiven Verteidigung, eine Taktik, die bekanntlich die Deutschen bis vor Moskau und Stalingrad kommen ließ. In Anwendung dieser Taktik ging die Sowjetarmee angeblich nur dank der Genialität Stalins zur Offensive über und zerschmetterte den Feind. Der epochale Sieg, der von den bewaffneten Kräften des Sowjetlandes, von unserem heldenhaften Volk errungen wurde, wird somit in den Romanen, Filmen und »wissenschaftlichen Studien« vollkommen der strategischen Genialität Stalins zugeschrieben.

Man muß diese Frage aufmerksam analysieren, weil sie nicht nur große historische Bedeutung, sondern vor allem auch politische, erzieherische und praktische Bedeutung hat.

Wie sind die Tatsachen in dieser Angelegenheit?

Vor dem Krieg herrschte in unserer Presse und in der gesamten Erziehungsarbeit ein prahlerischer Ton: Wenn der Feind die heilige sowjetische Erde überfällt, dann antworten wir auf den Stoß des Feindes mit einem dreifachen Stoß. Den Krieg werden wir auf das Territorium des Feindes tragen und ihn bei geringen Verlusten gewinnen. Doch diese plakativen Erklärungen waren durchaus nicht in allen Bereichen durch konkrete Vorkehrungen gestützt, die tatsächlich die Unverletzlichkeit unserer Grenzen gewährleistet hätten.

Im Verlauf des Krieges und danach brachte Stalin die These vor, daß die Tragödie, die unser Volk in der ersten Periode des Krieges erlebte, angeblich das Ergebnis des »unerwarteten« Überfalls der Deutschen auf die Sowjetunion gewesen sei. Aber, Genossen, das entspricht doch überhaupt nicht der Wirklichkeit. Hitler stellte sich unmittelbar nach der Machtübernahme in Deutschland das Ziel der Zerschmetterung des Kommunismus. Die Faschisten sprachen offen darüber und verheimlichten ihre Pläne nicht. Zur Verwirklichung dieser aggressiven Ziele wurden verschiedenartige Pakte, Blöcke und Achsen gezimmert, solche wie die berüchtigte »Achse Berlin–Rom–Tokio«[55]. Zahlreiche Fakten aus der Vorkriegsperiode bezeugen deutlich, daß Hitler alle Kräfte darauf richtete, den Krieg gegen den Sowjetstaat auszulösen, und daß er gewaltige militärische Verbände, darunter auch Panzerverbände, in der Nähe der sowjetischen Grenzen konzentrierte.

Aus den heute veröffentlichten Dokumenten geht hervor, daß Churchill schon am 3. April 1941 durch Vermittlung des britischen Botschafters in der UdSSR, Cripps, Stalin persönlich warnte, daß die deutschen Truppen eine neue Verlagerung begonnen hatten und sich auf den Überfall auf die Sowjetunion vorbereiteten. Es versteht sich von selbst, daß Churchill dies ganz und gar nicht aus freundschaftlichen Gefühlen gegenüber dem Sowjetvolk tat. Er hatte dabei seine imperialistischen Ziele – Deutschland und die UdSSR in einen blutigen Krieg zu verwickeln und die Position des britischen Imperiums zu stärken. Nichtsdestoweniger jedoch konstatierte Churchill in seinem Schreiben, er bitte darum, »Stalin zu warnen, damit seine Aufmerksamkeit auf die drohende Gefahr gelenkt« wird. Churchill unterstrich das mit Nachdruck auch in seinen Telegrammen vom 18. April und an den folgenden Tagen. Stalin zog diese Warnungen jedoch nicht in Betracht. Mehr noch, Stalin wies an, daß derartigen

Informationen nicht geglaubt werden solle, um angeblich keine militärischen Handlungen zu provozieren.

Festzustellen gilt, daß derartige Informationen über die drohende Gefahr des Einfalls deutscher Truppen in das Territorium der Sowjetunion auch über unsere militärischen und diplomatischen Vertretungen eintrafen. Aber weil die Führung von vornherein gegenüber derartigen Informationen voreingenommen war, wurden sie jedesmal vorsichtig formuliert und mit Vorbehalten versehen.

So teilte z. B. der Marineattaché in Berlin, Kapitän Woronzow, in einem Telegramm vom 6. Mai 1941 mit: »Der Sowjetbürger Boser teilte unserem stellvertretenden Marineattaché mit, daß den Worten eines Offiziers aus dem Hauptquartier Hitlers zufolge die Deutschen für den 14. Mai einen Überfall auf die UdSSR über Finnland, die baltischen Länder und Lettland vorbereiten. Gleichzeitig sollen große Luftangriffe gegen Moskau und Leningrad geflogen sowie Fallschirmspringerlandungen in Grenzstädten vorgenommen werden ...«

In seinem Bericht vom 22. Mai 1941 teilte der stellvertretende Militärattaché in Berlin, Chlopow, mit, daß »... der Angriff der deutschen Truppen angeblich auf den 15. 6. festgelegt wurde, doch es ist möglich, daß er in den ersten Tagen des Juni beginnt ...«

In einem Telegramm unserer Botschaft aus London vom 18. Juni 1941 wurde mitgeteilt: »Was den gegenwärtigen Augenblick betrifft, so ist Cripps fest davon überzeugt, daß der bewaffnete Zusammenstoß zwischen Deutschland und der UdSSR unvermeidlich ist, und zwar nicht später als Mitte Juni. Den Worten von Cripps zufolge haben die Deutschen bis zum heutigen Tag an den sowjetischen Grenzen 147 Divisionen (Luftstreitkräfte und Hilfstruppen eingeschlossen) konzentriert ...«

Trotz dieser ungewöhnlich ernsten Signale wurden keine ausreichenden Maßnahmen ergriffen, um das Land zur Verteidigung vorzubereiten und das Überraschungsmoment auszuschließen.

Hatten wir Zeit und Möglichkeiten für solche Vorbereitungen? Ja, wir hatten die Zeit und die Möglichkeiten. Unsere Industrie war bereits auf einem solchen Niveau, daß sie die Sowjetarmee mit allem, was sie benötigte, versorgen konnte. Das wird schon dadurch bestätigt, daß das sowjetische Volk, nachdem wir im Verlauf des Krieges fast die Hälfte unserer gesamten Industrie wegen der Besetzung der Ukraine, des Nordkaukasus, der Westgebiete des Landes, wichtiger Industrie- und Getreidegebiete durch die Deutschen verloren hatten, in der Lage war, die Produktion von militärischer Ausrüstung in den östlichen Gebieten des Landes zu organisieren, die dorthin aus den westlichen Industrierevieren transportierten Ausrüstungen in Betrieb zu setzen und unsere Streitkräfte mit allem zu versorgen, was zur Zerschlagung des Feindes gebraucht wurde.

Wenn unsere Industrie rechtzeitig und ausreichend zur Versorgung der Armee mit Waffen und nötigem Gerät mobilisiert worden wäre, dann hätten wir unermeßlich weniger Opfer in diesem Krieg davongetragen. Eine solche Mobilisierung wurde jedoch nicht rechtzeitig vorgenommen. Und bereits in den ersten Kriegstagen zeigte sich, daß unsere Armee schlecht ausgerüstet war, daß sie nicht genügend Artillerie, Panzer und Flugzeuge zur Abwehr des Feindes besaß.

Die sowjetische Wissenschaft und Technik hatte vor dem Krieg ausgezeichnete Typen von Panzern und Artillerie entwickelt. Doch es wurde für all das keine Massenproduktion organisiert, und wir sind praktisch erst am Vorabend des Krieges zur Modernisierung der Armeeausrüstung übergegangen. Infolgedessen hatten wir im Augenblick des Überfalls des Feindes auf das Sowjetland weder ausreichende Mengen an altem Gerät, das wir ja aus der Ausrüstung herausgenommen hatten, noch an neuem Gerät, dessen Einführung wir erst beabsichtigten. Sehr schlecht stand es um die Luftabwehrgeschütze, nicht organisiert worden war die Produktion von Panzerabwehrmunition. Viele befestigte Räume erwiesen sich im Augenblick des Überfalls als ungeschützt, weil die alten Waffen von ihnen abgezogen und neue noch nicht verfügbar waren.

Leider galt dies nicht nur für Panzer, Artillerie und Flugzeuge. Im Moment des Kriegsausbruchs hatten wir nicht einmal eine ausreichende Zahl von Gewehren zur Bewaffnung der Einberufenen. Ich erinnere mich, daß ich in jenen Tagen von Kiew aus Malenkow[56] anrief und ihm sagte:

»Die Menschen melden sich zur Armee und verlangen Waffen. Schickt uns Waffen.«

Darauf sagte mir Malenkow: »Wir können keine Waffen schicken. Alle Karabiner haben wir nach Leningrad geschickt. Sie müssen sich selbst bewaffnen.«

So stand die Sache mit der Bewaffnung.

Man kann nicht umhin, in Zusammenhang damit an folgenden Fakt zu erinnern. Kurz vor dem Überfall der Hitlertruppen auf die Sowjetunion schrieb Kirponos, Befehlshaber des Kiewer Sondermilitärbezirks (er starb später an der Front), an Stalin, daß die deutschen Armeen bis an den Bug vorgerückt waren, verstärkt alles für den Angriff vorbereiteten und höchstwahrscheinlich in kurzer Zeit zur Offensive übergehen würden. Im Zusammenhang damit schlug Kirponos die Schaffung einer zuverlässigen Verteidigung vor, die Evakuierung von 300 000 Menschen aus den Grenzgebieten und die Errichtung mehrerer mächtiger befestigter Räume: die Anlage von Panzerabwehrgräben, den Bau von Schutzbunkern für die Soldaten u. ä.

Auf diesen Vorschlag wurde von Moskau geantwortet, dies sei eine Provokation, man dürfe keinerlei vorbereitende Maßnahmen an der Grenze durchführen, man dürfe den Deutschen keinen Vorwand für den Beginn von Kriegshandlungen gegen uns geben. Somit waren unsere Grenzen unzureichend auf die Abwehr des Feindes vorbereitet.

Als die faschistischen Truppen schon auf sowjetisches Gebiet eingedrungen waren und die Kriegshandlungen begonnen hatten, kam aus Moskau der Befehl, nicht auf die Schüsse zu antworten. Weshalb? Deshalb, weil Stalin entgegen den offenkundigen Tatsachen meinte, daß dies noch nicht der Krieg sei, sondern eine Provokation einzelner undisziplinierter Einheiten der deutschen Armee, und wenn wir den Deutschen antworteten, diene das als Grund für den Beginn des Krieges.

Bekannt ist auch die folgende Tatsache. Am Vortag des Überfalls der Hitlerarmee auf das Territorium der Sowjetunion überschritt ein Deutscher unsere Grenze und teilte mit, die deutschen Truppen hätten den Befehl erhalten, am 22. Juni 3 Uhr nachts die Offensive gegen die Sowjetunion zu beginnen. Man teilte das unverzüglich Stalin mit, doch auch dieses Signal wurde nicht zur Kenntnis genommen.

Wie Sie sehen, wurde alles ignoriert: sowohl die Warnung einzelner Militärbefehlshaber als auch die Aussagen von Überläufern aus der feindlichen Armee und sogar die offenen Handlungen des Feindes. Ist das der Scharfblick des Führers von Partei und Land in einem so verantwortungsvollen historischen Augenblick?

Und wohin führte eine solche Sorglosigkeit, ein solches Ignorieren offenkundiger Fakten? Das führte dazu, daß der Feind schon in den ersten Stunden und Tagen in unseren Grenzrayons eine große Zahl an Flugzeugen, Geschützen und anderem Kriegsgerät zerstörte, eine bedeutende Anzahl unserer Militärkader vernichtete, die Truppenführung desorganisierte; somit waren wir nicht imstande, ihm den Weg in die Tiefe des Landes zu versperren.

Sehr schwerwiegende Folgen, insbesondere für die Anfangsperiode des Krieges, hatte der Umstand, daß infolge des Mißtrauens Stalins im Verlauf der Jahre 1937 bis 1941 auf der Basis verleumderischer Anklagen viele militärische Kommandeure und Politarbeiter liquidiert worden waren. Im Lauf dieser Jahre wurden mehrere Schichten von Führungskadern Repressalien ausgesetzt, angefangen bei der Kompanie- und Bataillonsebene bis hin zu allen höheren Militärzentren. Dabei wurde der Führungskader, der eine bestimmte Erfahrung bei der Kriegführung in Spanien und im Fernen Osten erworben hatte, nahezu völlig liquidiert.

Die Politik der in breitem Maßstab gegenüber Militärkadern verfügten Repressionen hatte auch die schwerwiegende Folge, daß sie die Grundlagen der militärischen Disziplin untergrub, weil im Laufe mehrerer Jahre die Befehlshaber aller Dienstgrade, ja selbst die Soldaten in den Partei- und Komsomolzellen angewiesen wurden, ihre Vorgesetzten als getarnte Feinde zu entlarven. Es ist klar, daß dies in der ersten Kriegsperiode einen negativen Einfluß auf die militärische Disziplin hatte.

Schließlich hatten wir vor dem Kriege ausgezeichnete militärische Kader, die der Partei und der Heimat grenzenlos ergeben waren. Es genügt, zu sagen, daß diejenigen von ihnen, die mit dem Leben davonkamen – ich denke hier an solche Genossen wie Rokossowski[57] (er war verhaftet worden), Gorbatow[58], Merezkow [59] (er ist auf dem Parteitag anwesend), Podlas (ein hervorragender Heerführer, er fiel an der Front) und viele andere –, sich trotz der schweren Qualen, die sie in den Gefängnissen erlitten, von den ersten Kriegstagen an als echte Patrioten erwiesen und heldenhaft zum Ruhme der Heimat kämpften. Trotzdem sind viele solcher Heerführer in Lagern und Gefängnissen umgekommen, und die Armee hat sie nicht wiedergesehen.

All das führte zu der Situation, die zu Kriegsbeginn bestand und die zur größten Gefahr für das Schicksal unserer Heimat wurde.

Man sollte nicht vergessen, zu erwähnen, daß nach den ersten schweren Mißerfolgen und den an den Fronten erlittenen Niederlagen Stalin der Ansicht war, daß das Ende gekommen sei. In einem Gespräch jener Tage sagte er: »Alles, was Lenin geschaffen hat, haben wir unwiederbringlich verloren.«

Danach leitete Stalin über lange Zeit faktisch keine Militäroperationen und befaßte sich überhaupt nicht mit irgendwelchen Angelegenheiten, er kehrte erst an die Führung zurück, nachdem einige Mitglieder des Politbüros zu ihm gekommen waren und sagten, man müsse unverzüglich diese und jene Maßnahmen ergreifen, um die Situation an der Front zu verbessern.

Somit war also die bedrohliche Lage, in der sich unsere Heimat in der ersten Periode des Krieges befand, in hohem Grade das Ergebnis der falschen Methoden der Leitung des Landes und der Partei durch Stalin selbst.

Es geht aber nicht nur um den Augenblick des Kriegsbeginns, der unsere Armee ernsthaft desorganisierte und uns schwere Verluste brachte. Nach Beginn des Krieges fügten die Nervosität und Hysterie, die Stalin zeigte, als er sich in den Verlauf der Militäroperationen einmischte, unserer Armee ernste Schäden zu.

Stalin war von einem Verständnis für die reale Situation an den Fronten weit entfernt. Das ist natürlich, weil er während des ganzen Vaterländischen Krieges weder an irgendeinem Frontabschnitt noch in irgendeiner der befreiten Städte gewesen ist, wenn man den Blitzbesuch an der Moshaisker Chaussee bei stabiler Frontlage außer acht läßt, über den so viele literarische Werke mit Phantastereien aller Art geschrieben und so viele Bilder gemalt wurden. Gleichzeitig mischte sich Stalin unmittelbar in den Verlauf der Operationen ein und gab Befehle, die häufig die wirkliche Lage an dem jeweiligen Frontabschnitt nicht berücksichtigten und nur zu gewaltigen Menschenverlusten führen mußten.

Ich erlaube mir im Zusammenhang damit, einen charakteristischen Fakt anzuführen, der davon zeugt, wie Stalin die Fronten führte. Auf dem Parteitag ist Marschall Bagramjan[60] zugegen, der seinerzeit Chef der Operationsabteilung des Stabes der Südwest-Front war und der bestätigen kann, was ich Ihnen jetzt sage:

Als 1942 im Gebiet Charkow eine für unsere Truppen außergewöhnlich schwierige Situation entstand, faßten wir den richtigen Beschluß, die Operation zur Einschließung Charkows einzustellen, weil unter den realen Bedingungen jener Zeit eine weitere Fortsetzung einer solchen Operation für unsere Truppen fatale Folgen gehabt hätte.

Wir trugen das Stalin vor und erklärten, daß die Lage eine Änderung des Aktionsplanes verlange, um es dem Feind nicht zu ermöglichen, eine große Gruppierung unserer Armee zu vernichten.

Entgegen dem gesunden Menschenverstand wies Stalin unseren Antrag zurück und erließ den Befehl, die Operation zur Einkreisung Charkows fortzusetzen, obwohl zu jener Zeit über vielen Gruppierungen der Armee bereits die reale Gefahr schwebte, eingekesselt und vernichtet zu werden.

Ich rufe also Wassilewski[61] an und bitte ihn inständig: »Alexander Michailowitsch (Genosse Wassilewski ist hier anwesend), nehmen Sie die Landkarte und zeigen Sie Genossen Stalin, welche Lage entstanden ist.« Und man muß dabei anmerken, daß Stalin die Operationen anhand eines Globus plante.

So ist es, Genossen, er nahm den Globus und zeichnete auf ihm die Frontlinien an. Ich sage also zu Gen. Wassilewski: »Zeigen Sie auf der Landkarte die Lage, denn unter diesen Bedingungen kann man doch nicht die anfangs geplante Operation fortsetzen. Zum Nutzen der Sache muß die frühere Entscheidung geändert werden.«

Wassilewski antwortete mir darauf, daß Stalin dieses Problem schon erörtert habe und daß er, Wassilewski, nicht mehr mit dieser Angelegenheit zu Stalin gehen würde, denn jener wolle keinerlei Argumente mehr zum Thema dieser Operation hören.

Nach dem Gespräch mit Wassilewski rief ich Stalin in seiner Villa an. Doch Stalin kam nicht zum Telefon, den Hörer hob Malenkow ab. Ich sagte Gen. Malenkow, daß ich von der Front anrufe und persönlich mit Gen. Stalin sprechen wolle. Stalin ließ durch Malenkow ausrichten, daß ich mit Malenkow sprechen solle. Ich erklärte wiederum, daß ich Stalin persönlich über die schwere Lage informieren wolle, die bei uns an der Front entstanden war. Aber Stalin hielt es nicht für angebracht, den Hörer zu nehmen und betonte nochmals, daß ich über Malenkow mit ihm sprechen solle, obwohl es nur ein paar Schritte bis zum Telefon waren.

Nachdem Stalin auf diese Weise unsere Bitte »angehört« hatte, sagte er:

»Alles so lassen, wie es war!«

Was ergab sich daraus? Das Schlimmste, was wir uns nur vorstellen konnten. Den Deutschen gelang es, unsere Armeegruppierungen einzukesseln, was zur Folge hatte, daß wir Hunderttausende unserer Soldaten verloren. So war das militärische »Genie« Stalin, so teuer ist es uns gekommen.

Während eines Treffens Stalins mit den Mitgliedern des Politbüros irgendwann nach dem Kriege erinnerte Anastas Iwanowitsch Mikojan[62] daran, daß Chruschtschow wohl damals recht gehabt habe, als er wegen der Charkower Operation angerufen hat und meinte, es sei schlecht gewesen, daß er damals nicht unterstützt wurde.

Man hätte sehen sollen, wie wütend Stalin wurde! Wie konnte man eingestehen, daß er, Stalin, damals im Unrecht war! Schließlich war er ein »Genie«, und ein Genie kann nicht im Unrecht sein! Jeder kann sich irren, aber Stalin meinte, er irre sich nie, er habe immer recht. Niemals und gegenüber niemandem bekannte er sich zu einem größeren oder kleineren Fehler, wobei er nicht wenige Fehler sowohl in theoretischen Fragen als auch in seinem praktischen Handeln beging. Nach dem Parteitag werden wir höchstwahrscheinlich die Beurteilung vieler Kriegsoperationen revidieren und sie im richtigen Licht darstellen müssen.

Viel Blut kostete uns auch jene Taktik, auf der Stalin, der das Wesen der Führung von Kampfoperationen nicht kannte, bestand, nachdem es gelungen war, den Gegner aufzuhalten und zur Offensive überzugehen.

Die Militärs wissen, daß Stalin bereits von Ende 1941 an forderte, anstelle großer operativer Manöver zur Umgehung des Gegners an den Flanken, zur Schwenkung in seinen Rücken ständige Frontalangriffe zu führen und ein Dorf nach dem anderen zu erobern. Wir erlitten aus diesem Grund gewaltige Verluste, bis es unserer Generalität, auf deren Schultern das gesamte Gewicht der Kriegführung ruhte, gelungen war, die Situation zu ändern und zur Führung beweglicher Operationen überzugehen, was umgehend zu einer ernsthaften Veränderung an den Fronten zu unseren Gunsten führte.

Um so schändlicher war die Tatsache, daß nach unserem großen Sieg über den Feind, der uns so teuer kam, Stalin viele Heerführer, die keinen geringen Anteil an diesem Sieg hatten, zu vernichten begann, um jegliche Möglichkeit auszuschließen, die an den Fronten errungenen Erfolge irgend jemand anderem als ihm selbst zuzuschreiben.

Stalin interessierte sich sehr für die Beurteilung des Gen. Shukow[63] als Heerführer. Er fragte mich oft, welche Meinung ich von Shukow habe. Ich sagte ihm damals:

»Ich kenne Shukow seit langem, er ist ein guter General und ein guter Heerführer.«

Nach dem Kriege begann Stalin über Shukow allen möglichen Unsinn zu erzählen, unter anderem sagte er:

»Sie haben Shukow gelobt, doch das verdient er nicht. Man sagt, Shukow sei an der Front vor jeder Operation folgendermaßen vorgegangen: Er nahm eine Handvoll Erde, roch an ihr und sagte, man könne wohl mit dem Angriff beginnen oder aber man könne die geplante Operation nicht durchführen.«

Ich antwortete damals: »Ich weiß nicht, Gen. Stalin, wer sich das ausgedacht hat, doch es ist nicht wahr.«

Wahrscheinlich hatte Stalin selbst solche Dinge ausgedacht, um die Rolle und die militärischen Fähigkeiten Shukows zu vermindern.

Im Zusammenhang damit machte sich Stalin äußerst eifrig als großer Heerführer populär, wobei er mit allen Mitteln die Version ins Bewußtsein der Menschen einflößte, alle vom sowjetischen Volk im Großen Vaterländischen Krieg errungenen Siege seien das Ergebnis des Mutes, der Kühnheit und Genialität von Stalin und von niemand anderem. Ganz so wie Kushma Krjutschkow spießte er mit einem Schlag sieben Mann auf eine Lanze auf.

Wahrhaftig, nehmen wir doch unsere historischen und Kriegsfilme oder einige literarische Werke, die Brechreiz hervorrufen. Sie alle haben doch den Zweck, gerade eine solche Version zu propagieren, Stalin als genialen Feldherrn zu rühmen. Erinnern wir uns doch an den Film »Der Fall von Berlin«. Dort agiert Stalin allein: Er erläßt Weisungen in einem Saal, in dem leere Stühle stehen und wo nur ein einzelner Mensch an ihn herantritt und ihm etwas meldet – das ist Poskrjobyschew[64], sein getreuer Knappe.

Und wo ist die Militärführung? Wo das Politbüro? Wo die Regierung? Was tun sie, und womit befassen sie sich? Sie gibt es in dem Film nicht. Stalin handelte für alle, niemanden beachtend und sich mit niemandem beratend. In einem derart falschen Licht wurde alles dem Volk vorgeführt. Warum? Deshalb, um Stalin mit Ruhm zu umgeben, und das im Gegensatz zu den Tatsachen, im Widerspruch zur historischen Wahrheit.

Es erhebt sich die Frage: Und wo sind unsere Militärs, auf deren Schultern die Schwere des Krieges lastete? Sie gibt es im Film nicht, neben Stalin war für sie kein Platz.

Nicht Stalin, sondern die Partei als Ganzes, die sowjetische Regierung, unsere heldenhafte Armee, ihre talentierten Kommandeure und tapferen Soldaten, das ganze sowjetische Volk – das ist es, was den Sieg im Großen Vaterländischen Krieg gewährleistete.

Die Mitglieder des ZK, die Minister, unsere Wirtschaftsfunktionäre, die Aktivisten der sowjetischen Kultur, die Leiter der territorialen Partei- und Sowjetorganisationen, Ingenieure und Techniker – jeder stand auf seinem Platz und gab selbstlos seine Kraft und sein Wissen zur Sicherung des Sieges über den Feind.

Außergewöhnliches Heldentum zeigte unser Hinterland – die ruhmreiche Arbeiterklasse, unsere Kolchosbauernschaft, die Sowjetintelligenz, die allesamt unter der Führung der Parteiorganisationen alle ihre Kräfte der Sache der Verteidigung der Heimat widmeten, wobei sie die unerhörten Schwierigkeiten und Entbehrungen der Kriegszeit ertrugen.

Gewaltige Heldentaten vollbrachten während des Krieges unsere sowjetischen Frauen, die das riesige Gewicht der Produktionsarbeit in den Fabriken und Kolchosen, an verschiedenen Abschnitten der Wirtschaft und Kultur auf sich nahmen; viele Frauen nahmen unmittelbar an den Fronten des Großen Vaterländischen Krieges teil; unsere mutige Jugend, die an allen Abschnitten der Front und des Hinterlandes ihren unschätzbaren Beitrag zur Verteidigung der sowjetischen Heimat, zur Zerschlagung des Feindes leistete.

Unvergänglich sind die Verdienste der Sowjetsoldaten, unserer Befehlshaber und politischen Funktionäre auf allen Ebenen, die bereits in den ersten Monaten des Krieges, nach dem Verlust eines beträchtlichen Teils der Armee, nicht den Kopf verloren, sondern es verstanden, sich in der Bewegung umzugruppieren, im Laufe des Krieges eine mächtige und heroische Armee zu schaffen und nicht nur den Druck eines starken und hinterhältigen Feindes abzuwehren, sondern ihn auch zu zerschlagen.

Die Ruhmestat des sowjetischen Volkes im Großen Vaterländischen Krieg rettete Hunderte Millionen Menschen in Ost und West vor der drohenden Gefahr der faschistischen Unterjochung, sie wird Jahrhunderte und Jahrtausende im Gedächtnis einer dankbaren Menschheit weiterleben.

Die Hauptrolle und das Hauptverdienst bei der siegreichen Beendigung des Krieges fallen unserer Kommunistischen Partei, den Streitkräften der Sowjetunion und Dutzenden Millionen von Sowjetmenschen zu, die von der Partei erzogen wurden.

Genossen! Beschäftigen wir uns mit einigen anderen Tatsachen. Die Sowjetunion wird zu Recht als Muster eines multinationalen Staates angesehen, denn bei uns wurden in der Praxis Gleichheit und Freundschaft aller Völker gewährleistet, die unsere große Heimat bewohnen.

Um so ungeheuerlicher sind die Aktionen, deren Initiator Stalin war und die eine brutale Vergewaltigung der grundlegenden Leninschen Prinzipien der Nationalitätenpolitik des Sowjetstaates waren. Die Rede ist von der Massenumsiedlung ganzer Völker aus ihren heimatlichen Orten, darunter auch aller Kommunisten und Komsomolzen ohne jede Ausnahme, wobei derartige Aussiedlungsaktionen durch keinerlei militärische Beweggründe diktiert waren.

So wurde noch Ende 1943, als an den Fronten des Großen Vaterländischen Krieges ein dauerhafter Umschwung zugunsten der Sowjetunion eingetreten war, der Beschluß über die Aussiedlung aller Karatschaier aus ihrem angestammten Gebiet gefaßt und durchgeführt. Im gleichen Zeitraum, Ende Dezember 1943, traf die gesamte Bevölkerung der Kalmykischen Autonomen Sowjetrepublik das gleiche Schicksal. Im März 1944 wurden Tschetschenen und Inguschen ausgesiedelt, die Tschetschenisch-Inguschische Autonome Republik wurde liquidiert. Im April 1944 wurden alle Balkaren aus der Kabardinisch-Balkarischen Autonomen Republik in entlegene Gebiete ausgesiedelt, die Republik in Autonome Kabardinische Republik umbenannt. Die Ukrainer entgingen diesem Schicksal deshalb, weil sie zu viele sind und es keine Möglichkeit ihrer Umsiedlung gab. Sonst hätte er auch sie ausgesiedelt.

Nicht nur für Marxisten-Leninisten, sondern für jeden vernünftig denkenden Menschen ist es unverständlich, wie man die Verantwortung einzelner Personen oder Gruppen für feindliche Handlungen auf ganze Völker übertragen konnte, Frauen und Kinder, Alte, Kommunisten und Komsomolzen nicht ausgenommen, wie man ihnen gegenüber Massenrepressalien anwenden und sie Entbehrungen und Leiden aussetzen konnte.

Nach Beendigung des Vaterländischen Krieges gedachte das Volk voller Stolz seiner glänzenden Siege, die mit großen Opfern und unermeßlichen Anstrengungen errungen wurden. Das Land durchlebte eine Phase des politischen Enthusiasmus. Die Partei ging aus dem Krieg noch geschlossener hervor, die Parteikader wurden im Feuer des Krieges gestählt. Unter diesen Bedingungen hätte wohl nicht einmal der Gedanke an die Möglichkeit irgendeiner Verschwörung in der Partei bei irgend jemandem aufkommen können.

Und eben zu dieser Zeit kommt plötzlich die sogenannte Leningrader Affäre[65] auf. Wie heute inzwischen nachgewiesen, ist dieser Fall fabriziert worden. Unschuldig kamen die Genossen Wosnessenski, Kusnezow, Rodionow, Popkow und andere ums Leben.

Bekanntlich waren Wosnessenski und Kusnezow hervorragende und talentierte Funktionäre. Zu ihrer Zeit standen sie Stalin nahe. Es genügt zu sagen, daß Stalin Wosnessenski auf den Posten des Ersten Stellvertreters des Vorsitzenden des Ministerrates stellte und daß Kusnezow zum Sekretär des Zentralkomitees gewählt worden war. Allein die Tatsache, daß Stalin Kusnezow die Aufsicht über die Organe der Staatssicherheit übertrug, zeugt von dem Vertrauen, das er genoß.

Wie kam es, daß diese Leute zu Volksfeinden erklärt und liquidiert wurden?

Die Tatsachen beweisen, daß auch die »Leningrader Affäre« ein Ergebnis der Willkür war, die Stalin gegenüber den Parteikadern ausübte.

Wenn im Zentralkomitee der Partei, im Politbüro des ZK eine normale Situation geherrscht hätte, in der derartige Fragen behandelt worden wären, wie es sich in der Partei gehört, und wenn alle Fakten eingehend beurteilt worden wären, hätte es einen solchen Fall ebensowenig wie andere derartige Fälle gegeben.

Man muß feststellen, daß sich die Situation nach dem Krieg noch mehr komplizierte. Stalin wurde noch launenhafter, gereizter, brutaler, insbesondere wuchs sein Argwohn. Der Verfolgungswahn erreichte unwahrscheinliche Ausmaße. Viele Mitarbeiter wurden in seinen Augen zu Feinden. Nach dem Krieg grenzte Stalin sich noch mehr vom Kollektiv ab. Über alles entschied er allein, ohne irgend jemanden oder irgend etwas zu berücksichtigen.

Den unerhörten Argwohn Stalins nutzte geschickt der elende Provokateur, der schäbige Feind Berija aus, der Tausende Kommunisten, ehrliche Sowjetbürger ermorden ließ. Die Beförderung Wosnessenskis und Kusnezows erschreckte Berija. Wie heute festgestellt werden kann, hat eben Berija gemeinsam mit seinen Untergebenen Materialien in Gestalt von Erklärungen und anonymen Briefen, in der Form von verschiedenen Gerüchten und Gesprächen konstruiert und Stalin »untergeschoben«.

Das Zentralkomitee hat die sogenannte Leningrader Affäre untersucht, die Personen, die unschuldig gelitten haben, wurden jetzt rehabilitiert, die ruhmreiche Leningrader Parteiorganisation erhielt ihre Ehre zurück. Abakumow[66] und andere, die diesen Fall fabrizierten, wurden vor Gericht gestellt, ihr Prozeß fand in Leningrad statt, und sie erhielten, was sie verdienten.

Es stellt sich die Frage: Weshalb konnten wir uns jetzt in dieser Frage orientieren und haben das nicht früher, zu Lebzeiten Stalins getan, um es nicht zum Untergang unschuldiger Menschen kommen zu lassen? Deshalb, weil Stalin selbst die »Leningrader Affäre« leitete und die Mehrheit der Politbüromitglieder jener Periode nicht alle Umstände der Angelegenheit kannten und sich natürlich in sie nicht einmischen konnten.

Sofort, nachdem Stalin von Berija und Abakumow bestimmte Materialien erhalten hatte, befahl er schon, den »Fall« Wosnessenski und Kusnezow zu untersuchen, ohne in das Wesen der Fälschungen einzudringen. Damit war ihr Schicksal schon vorherbestimmt.

Lehrreich ist unter diesem Gesichtspunkt auch die Angelegenheit der »Mingrelischen Nationalistischen Organisation«, die angeblich in Georgien bestanden hat. In dieser Frage wurden bekanntlich im November 1951 und im März 1952 Beschlüsse des ZK der KPdSU gefaßt.[67] Diese Beschlüsse wurden ohne Erörterung im Politbüro angenommen. Stalin persönlich hat sie diktiert. Sie erhoben schwere Anklagen gegen viele ehrliche Kommunisten. Auf der Grundlage gefälschter Materialien wurde behauptet, daß in Georgien angeblich eine nationalistische Organisation bestehe, die sich den Sturz der Sowjetmacht in dieser Republik unter Beihilfe imperialistischer Staaten zum Ziel stelle.

Im Zusammenhang damit wurden eine Reihe verantwortlicher Partei- und Sowjetfunktionäre in Georgien verhaftet.

Wie später festgestellt, war das eine Verleumdung gegenüber der Parteiorganisation Georgiens.

Wir wissen, daß es in Georgien wie in einigen anderen Republiken seinerzeit Erscheinungen von lokalem bürgerlichem Nationalismus gegeben hat. Es erhebt sich die Frage: Vielleicht nahmen in diesem Zeitabschnitt, in dem die erwähnten Beschlüsse gefaßt wurden, nationalistische Tendenzen tatsächlich solche Ausmaße an, daß die Gefahr des Austritts Georgiens aus der Sowjetunion und des Übergangs in den Bestand des türkischen Staates bestand?

Das ist selbstverständlich Unsinn. Man kann sich schwer vorstellen, wie solche Vermutungen jemandem in den Sinn kommen konnten. Allen ist bekannt, wie sich Georgien in den Jahren der Sowjetmacht wirtschaftlich und kulturell entwickelt hat.

Die Industrieproduktion der Georgischen Republik übertrifft die Produktion des vorrevolutionären Georgiens um das 27fache. In der Republik entstanden viele neue Industriezweige, die es dort vor der Revolution nicht gab: Eisenmetallurgie, Erdölindustrie, Maschinenbau und andere. Vor langem schon wurde das Analphabetentum beseitigt, das im vorrevolutionären Georgien 78 Prozent der Bevölkerung betraf.

Können die Georgier, wenn sie die Situation in ihrer Republik mit der schweren Lage der arbeitenden Massen in der Türkei vergleichen, die Angliederung an die Türkei anstreben? Im Jahre 1955 war die Stahlproduktion pro Kopf der Bevölkerung in der Türkei 18mal geringer als in Georgien. Georgien erzeugt 9mal mehr Elektroenergie pro Kopf als die Türkei. Nach der Volkszählung von 1950 waren in der Türkei 65 Prozent der Bevölkerung Analphabeten, von den Frauen um 80 Prozent. In Georgien bestehen 19 Hochschulen, die etwa 39 000 Studenten zählen, das heißt achtmal mehr als in der Türkei (auf 1 000 Einwohner gerechnet). In den Jahren der Sowjetmacht ist in Georgien der Wohlstand der Werktätigen unermeßlich gewachsen.

Klar ist, daß im Maße der Entwicklung von Wirtschaft und Kultur, im Maße des Wachstums des sozialistischen Bewußtseins der arbeitenden Massen in Georgien der Boden, aus dem der bürgerliche Nationalismus Nahrung erhält, immer mehr schwindet.

Wie sich in Wirklichkeit herausstellte, gab es in Georgien keinerlei nationalistische Organisation. Tausende unschuldige sowjetische Menschen fielen der Willkür und Gesetzlosigkeit zum Opfer. Und all das vollzog sich unter der »genialen« Führung Stalins – »des großen Sohnes des georgischen Volkes«, wie die Georgier ihren Landsmann zu nennen beliebten.

Die Willkür Stalins trat nicht nur bei der Entscheidung über innenpolitische Fragen des Landes zutage, sondern auch im Bereich der internationalen Beziehungen der Sowjetunion.

Auf dem Juli-Plenum des ZK[68] wurden die Ursachen der Entstehung des Konflikts mit Jugoslawien detailliert erörtert. Dabei wurde die unwürdige Rolle Stalins unterstrichen. Schließlich gab es in der »jugoslawischen Frage« keine solchen Probleme, die man nicht auf dem Wege parteilicher Diskussion unter Genossen hätte lösen können. Es gab keine ernsthaften Grundlagen für das Entstehen dieser »Frage«, es wäre ganz und gar möglich gewesen, es nicht zum Bruch mit diesem Land kommen zu lassen. Das heißt jedoch nicht, daß die jugoslawischen Führer keine Fehler begangen oder keine Mängel gehabt hätten. Aber diese Fehler und Mängel wurden von Stalin ungeheuerlich übertrieben, was zum Bruch der Beziehungen mit einem befreundeten Land führte.

Ich erinnere mich der ersten Tage, als begonnen wurde, den Konflikt zwischen der Sowjetunion und Jugoslawien künstlich anzufachen.

Als ich einmal von Kiew nach Moskau kam, lud mich Stalin zu sich und fragte unter Hinweis auf die Kopie eines Briefes, der unlängst an Tito[69] geschickt worden war:

»Hast Du gelesen?«

Und ohne die Antwort abzuwarten, sagte er:

»Ich schnippe mit dem kleinen Finger – und Tito wird es nicht mehr geben. Er verschwindet …«

Teuer ist uns dieses »Schnippen mit dem kleinen Finger« gekommen. Diese Äußerung widerspiegelte den Größenwahn Stalins, denn gerade so ging er vor: »Ich schnippe mit dem kleinen Finger – und Kossior ist nicht mehr«; »Ich schnippe noch einmal – und Postyschew gibt es nicht mehr, Tschubar auch nicht«; »Ich schnippe erneut – und Wosnessenski, Kusnezow und viele andere verschwinden«.

Doch mit Tito geschah das nicht. Wie oft Stalin auch mit dem kleinen Finger schnippte und noch dazu alles ihm Mögliche in Bewegung setzte, Tito wich nicht. Weshalb? Deshalb, weil Tito in diesem Streit einen Staat und ein Volk hinter sich hatte, das eine harte Schule des Kampfes um seine Freiheit und Unabhängigkeit durchlaufen hatte – ein Volk, das seine Führer unterstützte.

Das ist es, wohin Stalins Größenwahn geführt hat. Er hat jedes Realitätsgefühl verloren, verhielt sich voll Argwohn und Hochmut nicht nur gegenüber einzelnen Personen in der UdSSR, sondern auch im Verhältnis zu ganzen Parteien und Ländern.

Jetzt haben wir die Frage Jugoslawien eingehend geprüft und eine richtige Lösung gefunden, die die Völker der Sowjetunion und Jugoslawiens wie auch die werktätigen Massen aller volksdemokratischen Länder, die ganze fortschrittliche Menschheit billigen. Die Beseitigung der unnormalen Beziehungen zu Jugoslawien wurde im Interesse des gesamten sozialistischen Lagers, im Interesse der Stärkung des Weltfriedens vorgenommen.

Man muß auch an den »Fall der Ärzte«[70] erinnern. Im Grunde gab es gar keinen »Fall«, abgesehen von der Erklärung der Ärztin Timaschuk, die vielleicht unter irgendwelchem Einfluß oder auf irgend jemandes Weisung (sie war schließlich inoffizielle Mitarbeiterin der Organe der Staatssicherheit) an Stalin einen Brief schrieb, in dem sie erklärte, die Ärzte würden angeblich falsche Therapien anwenden.

Es reichte ein solcher Brief, damit Stalin sofort den Schluß zog, daß es in der Sowjetunion eine Verschwörung von Ärzten gibt, und er erteilte die Weisung, eine Gruppe hervorragender Spezialisten der sowjetischen Medizin zu verhaften. Persönlich gab er Anweisungen, wie die Untersuchung zu führen sei, wie man die Verhafteten zu verhören habe. Er sagte: den Akademiker Winogradow in Ketten legen und diesen da schlagen. Anwesend ist hier als Parteitagsdelegierter der frühere Minister für Staatssicherheit, Gen. Ignatjew.[71] Stalin sagte ihm geradeheraus:

»Wenn Sie kein Geständnis der Ärzte erreichen, machen wir Sie um einen Kopf kürzer.«

Stalin persönlich berief den Untersuchungsrichter, erteilte ihm Instruktionen, ordnete die Untersuchungsmethoden an, und diese Methoden bestanden in dem einen: schlagen, schlagen und noch einmal schlagen.

Einige Zeit nach der Verhaftung der Ärzte erhielten wir, die Mitglieder des Politbüros, die Protokolle mit dem Schuldbekenntnis der Ärzte. Nachdem er die Protokolle übermittelt hatte, sagte Stalin uns:

»Blind seid ihr wie junge Katzen, was wird nur ohne mich – das Land wird untergehen, wenn ihr es nicht versteht, die Feinde auszumachen.«

Der Fall war auf eine Weise angelegt, daß niemand die Möglichkeit besaß, die Fakten zu prüfen, auf deren Grundlage die Untersuchung geführt wurde. Es war nicht möglich, die Tatsachen durch Kontaktaufnahme mit denjenigen nachzuprüfen, die sich schuldig bekannt hatten.

Wir spürten aber, daß der Fall der Verhaftung der Ärzte unsauber war. Viele dieser Menschen kannten wir gut, sie behandelten uns. Und als wir nach dem Tode Stalins untersuchten, wie dieser »Fall« entstanden war, erkannten wir, daß er von Anfang bis Ende konstruiert worden ist.

Diese schändliche Angelegenheit ist von Stalin konstruiert worden, doch ihm gelang es nicht, sie zu Ende zu führen (nach seiner Vorstellung), und deshalb blieben die Ärzte am Leben. Jetzt wurden alle rehabilitiert, sie arbeiten auf denselben Stellen wie früher, behandeln führende Funktionäre, Mitglieder der Regierung eingeschlossen. Wir schenken ihnen volles Vertrauen, und sie erfüllen ihre Pflichten so redlich wie früher.

Beim Organisieren verschiedener schmutziger und schmachvoller Fälle spielte der Erzfeind unserer Partei, der Agent eines fremden Geheimdienstes Berija, der sich das Vertrauen Stalins erschlichen hatte, eine nichtswürdige Rolle. Auf welche Weise konnte dieser Provokateur eine solche Stellung in Partei und Staat erlangen, daß er Erster Stellvertreter des Vorsitzenden des Ministerrates der Sowjetunion und Mitglied des Politbüros des ZK geworden ist? Heute ist festzustellen, daß dieser Schuft auf der Staatsleiter über unzählige Leichen aufgestiegen ist.

Gab es Anzeichen dafür, daß Berija ein Parteifeind war? Ja, es gab sie. Schon auf dem ZK-Plenum im Jahre 1937 sagte der ehemalige Volkskommissar für Gesundheitswesen, Kaminski[72], daß Berija im Mussawat-Geheimdienst[73] gearbeitet hat. Das Plenum war kaum beendet, da wurde Kaminski schon verhaftet und danach erschossen. Hat Stalin die Erklärung Kaminskis geprüft? Nein, denn Stalin glaubte Berija, und das genügte ihm. Und wenn Stalin glaubte, so konnte niemand irgend etwas sagen, was im Widerspruch zu dieser seiner Meinung gestanden hätte; denjenigen, dem es einfiel, Widerspruch zu äußern, hätte das gleiche Schicksal wie Kaminski getroffen.

Es gab auch andere Anzeichen. Interessant ist die Erklärung des Gen. Snegow[74], die dieser im Zentralkomitee abgegeben hat (beiläufig gesagt, ist er ebenfalls vor kurzem nach 17 Jahren Lagerhaft rehabilitiert worden). In der Erklärung schreibt Snegow:

»Im Zusammenhang mit der Vorlage der Frage der Rehabilitierung des ehemaligen ZK-Mitglieds Kartwelischwili-Lawrentjew[75] habe ich zu Händen des Vertreters des Komitees für Staatssicherheit detaillierte Aussagen über die Rolle Berijas bei der Abrechnung mit Kartwelischwili und über die verbrecherischen Motive gemacht, von denen sich Berija leiten ließ.

Ich sehe es als unerläßlich an, eine wichtige Tatsache in

diesem Fall anzuführen und das ZK davon zu informieren, weil ich es für nicht angebracht gehalten hatte, sie in den Untersuchungsdokumenten unterzubringen.

Am 30. 10. 1931 gab der Sekretär des Transkaukasischen Regionskomitees, Kartwelischwili, auf der Sitzung des Organisationsbüros des ZK der KPdSU(B) einen Bericht. Anwesend waren alle Mitglieder des Büros des Regionskomitees, von denen nur noch ich allein am Leben bin. Auf dieser Sitzung stellte J. W. Stalin am Ende seiner Rede den Antrag, das Sekretariat des Regionskomitees in folgender Zusammensetzung zu bilden: erster Sekretär – Kartwelischwili, zweiter – Berija (damals wurde zum erstenmal in der Geschichte unserer Partei der Name Berijas als Kandidat für eine Parteifunktion erwähnt). Kartwelischwili antwortete umgehend, daß er Berija gut kenne und deshalb eine Zusammenarbeit mit ihm kategorisch ablehne. Daraufhin schlug J. W. Stalin vor, die Frage offenzulassen und sie in der Praxis zu entscheiden. Zwei Tage später fiel die Entscheidung über die Beförderung Berijas auf den Parteiposten und über den Abgang von Kartwelischwili aus Transkaukasien.

Bestätigen können das die Genossen Mikojan und Kaganowitsch, die auf dieser Sitzung zugegen waren.

Die langjährigen feindlichen Beziehungen zwischen Kartwelischwili und Berija waren weitbekannt: Sie datieren von dem Einsatz des Gen. Sergo[76] in Transkaukasien, weil Kartwelischwili der nächste Mitarbeiter von Gen. Sergo war. Und eben das veranlaßte Berija, den ›Fall‹ gegen Kartwelischwili zu konstruieren.

Es ist charakteristisch, daß in diesem ›Fall‹ Kartwelischwili wegen eines terroristischen Aktes gegen Berija angeklagt wurde.«

Im Anklageakt gegen Berija wurden seine Verbrechen detailliert behandelt. Gewisse Dinge sind es aber wert, daß man an sie erinnert, um so mehr, als – vielleicht – nicht alle Parteitagsdelegierte dieses Dokument gelesen haben. Ich möchte hier an die bestialische Abrechnung Berijas mit Kedrow[77], Golubew und der Pflegemutter Golubews, Baturina, erinnern, die versucht hatten, das ZK über die verräterische Tätigkeit Berijas zu informieren. Sie wurden ohne Gerichtsverhandlung erschossen, und das Urteil wurde im nachhinein ausgefertigt.

Folgendes schrieb der Altkommunist Gen. Kedrow[78] an das Zentralkomitee zu Händen von Gen. Andrejew[79] (Genosse Andrejew war damals ZK-Sekretär):

»Aus der dunklen Zelle des Gefängnisses Lefortowo rufe ich Sie um Hilfe an. Hören Sie den Entsetzensschrei, bleiben Sie nicht taub, treten Sie für mich ein, helfen Sie, den Alptraum der Verhöre zu beenden, den Fehler aufzudecken.

Ich leide unschuldig. Glauben Sie es. Die Zeit wird die Wahrheit beweisen. Ich bin kein ›Agent provocateur‹ der zaristischen Ochrana, bin kein Spion, kein Mitglied einer antisowjetischen Organisation, weswegen ich, gestützt auf verleumderische Berichte, angeklagt bin. Ich habe auch keine anderen Verbrechen gegen die Partei und die Regierung begangen. Ich bin ein alter Bolschewik, der sich nichts hat zuschulden kommen lassen, der (fast) vierzig Jahre ehrlich in den Reihen der Partei für das Wohl und Glück des Volkes gekämpft hat.

… Heute drohen mir, einem 62jährigen alten Mann, die Untersuchungsrichter mit noch grausameren und erniedrigenderen Mitteln physischer Einwirkung. Sie sind nicht mehr in der Lage, sich ihres Fehlers bewußt zu werden und anzuerkennen, daß ihr Vorgehen mir gegenüber ungesetzlich und unzulässig ist. Sie versuchen diese Mittel zu rechtfertigen, indem sie mich als grimmigen und hartnäckigen Feind hinstellen und eine Verstärkung der Repressalien verlangen. Doch die Partei soll wissen, daß ich unschuldig bin und daß es mit keinerlei Mitteln gelingen wird, einen treuen Sohn der Partei, der ihr bis zum letzten Atemzug ergeben ist, in einen Feind zu verwandeln.

Mir bleibt allerdings kein Ausweg. Ich habe keine Kraft, die drohenden neuen schweren Schläge von mir abzuwenden.

Alles hat jedoch Grenzen. Ich bin bis zum Äußersten gemartert worden. Meine Gesundheit ist zerrüttet, meine Kraft und Energie sind erschöpft, das Ende naht. In einem sowjetischen Gefängnis mit dem Brandmal eines elenden Vaterlandsverräters zu sterben – was kann schrecklicher sein für einen ehrlichen Menschen. Wie ungeheuerlich ist das! Grenzenlose Enttäuschung und Schmerz ergreifen das Herz. Nein, nein! Das wird nicht geschehen, das darf nicht geschehen – schreie ich. Sowohl die Partei als auch die Sowjetregierung und der Volkskommissar L. P. Berija werden nicht zulassen, daß es zu einer so grausamen, irreversiblen Ungerechtigkeit kommt.

Ich bin überzeugt, daß es bei einer ruhigen, unvoreingenommenen Erörterung, ohne schändliche Beschimpfungen, ohne Zorn, ohne schreckliche Mißhandlungen leicht sein wird, die Gegenstandslosigkeit der Anklagen festzustellen. Ich glaube fest, daß die Wahrheit und Gerechtigkeit triumphieren werden. Ich glaube, glaube.«

Der Altbolschewik Gen. Kedrow wurde vom Militärkollegium für unschuldig erklärt. Trotzdem wurde er auf Befehl Berijas erschossen.

Berija rechnete ebenfalls grausam mit der Familie des Gen. Ordshonikidse ab. Weshalb? Deshalb, weil Ordshonikidse Berija bei der Verwirklichung seiner üblen Pläne behinderte. Berija bahnte sich den Weg, in dem er sich aller Menschen entledigte, die ihm hätten schaden können. Ordshonikidse war stets ein Gegner Berijas, worüber er mit Stalin sprach. Anstatt die Angelegenheit zu überprüfen und entsprechende Maßnahmen zu ergreifen, ließ es Stalin zur Liquidierung des Bruders von Ordshonikidse kommen, und Ordshonikidse selbst trieb er in einen solchen Zustand, daß er gezwungen war, sich zu erschießen. So also war Berija.

Berija wurde vom Zentralkomitee kurz nach dem Tode Stalins entlarvt. Im Ergebnis eines eingehenden Gerichtsverfahrens wurden Berijas ungeheuerliche Verbrechen festgestellt, und Berija wurde erschossen.

Die Frage erhebt sich, weshalb Berija, der Zehntausende Partei- und Sowjetfunktionäre liquidierte, nicht zu Lebzeiten Stalins entlarvt wurde. Er wurde nicht früher entlarvt, weil er geschickt die schwachen Seiten Stalins ausnutzte, in ihm den Argwohn nährte, in allem Stalin zustimmte und mit seiner Unterstützung agierte.

Genossen!

Der Personenkult nahm hauptsächlich deshalb so ungeheuerliche Ausmaße an, weil Stalin selbst mit allen Mitteln die Glorifizierung seiner Person betrieb und unterstützte. Davon zeugen viele Tatsachen. Eines der kennzeichnendsten Beispiele für die Selbstbeweihräucherung und den Mangel elementarer Bescheidenheit Stalins ist die Herausgabe seiner »Kurzen Lebensbeschreibung«, die 1948 erschien.[80]

Dieses Buch ist Ausdruck der zügellosesten Lobhudelei, ein Muster dafür, wie man aus einem Menschen einen Gott macht und ihn in einen unfehlbaren Weisen verwandelt, den »größten Führer«, »unübertrefflichen Strategen aller Zeiten und Völker«. Es sind wohl keine anderen Worte mehr zu finden, um Stalin noch mehr in den Himmel zu heben.

Es besteht kein Grund, hier die widerlichen Lobhudeleien zu zitieren, von denen es in diesem Buch wimmelt. Es gilt nur zu unterstreichen, daß sie alle von Stalin persönlich gebilligt und redigiert wurden und einige davon eigenhändig von ihm in die Korrektur des Buches hineingeschrieben worden sind.

Was betrachtete Stalin als unerläßliche Ergänzungen zu diesem Buch? Vielleicht wollte er den Eifer der Schmeichler abkühlen, die seine »Kurze Lebensbeschreibung« verfaßt hatten? Nein. Er baute die Stellen aus, von denen er meinte, daß das Lob für seine Verdienste unzureichend sei.

Hier einige Abschnitte, die Stalins Tätigkeit charakterisieren und die von Stalin eigenhändig hinzugefügt wurden:

»In diesem Kampfe gegen die Kleingläubigen und Kapitulanten, die Trotzkisten und Sinowjewleute, die Bucharin und Kamenew, formte sich, nachdem Lenin aus den Kampfreihen geschieden war, endgültig jener leitende Kern unserer Partei …, der das große Banner Lenins hochhielt, die Partei um das Vermächtnis Lenins zusammenschloß und das Sowjetvolk auf den breiten Weg der Industrialisierung des Landes und der Kollektivierung der Landwirtschaft geführt hat. Der Leiter dieses Kerntrupps und die führende Kraft der Partei und des Staates war Genosse Stalin.«[81]

Und das schreibt Stalin selbst! Und er fügt hinzu:

»Stalin, der in meisterhafter Weise den Aufgaben eines Führers der Partei und des Volkes gerecht wird und die volle Unterstützung des ganzen Sowjetvolkes genießt, hat in seiner Tätigkeit niemals auch nur einen Schatten von Eigendünkel, Überheblichkeit, Selbstlob an den Tag gelegt.«[82]

Wo überhaupt und wann hat sich ein Funktionär derart selbst rühmen können? Schickt sich das für einen Funktionär marxistisch-leninistischen Typs? Nein. Eben gerade dagegen sind Marx und Engels so entschieden aufgetreten. Eben das hat Lenin immer so scharf verurteilt.

Im Korrekturexemplar des Buches stand folgender Satz: »Stalin – das ist der Lenin von heute.«[83] Dieser Satz erschien Stalin offenbar unzureichend, und so hat er ihn eigenhändig wie folgt umgearbeitet: »Stalin ist der würdige Fortsetzer des Werkes Lenins oder wie man in unserer Partei zu sagen pflegt: Stalin – das ist der Lenin von heute.« Sehen Sie, wie eindrucksvoll das gesagt ist, nur nicht vom Volk, sondern von Stalin selbst.

Man kann eine Menge ähnlicher Fälle von Eigenlob anführen, die von Stalins Hand in die Korrektur des Buches eingefügt wurden. Besonders freigebig warf er mit Lobpreisungen seiner selbst wegen seiner militärischen Genialität und seiner strategischen Talente um sich.

Ich gestatte mir, noch eine von Stalin geschriebene Einfügung zum Thema der Stalinschen militärischen Genialität anzuführen.

»Genosse Stalin hat auch die fortgeschrittene sowjetische Kriegswissenschaft weiterentwickelt«, schreibt er. »Genosse Stalin hat die Lehre von den ständig wirkenden Faktoren ausgearbeitet, die für das Schicksal des Krieges entscheidend sind, ferner die Lehre von der aktiven Verteidigung und den

Gesetzen der Gegenoffensive und der Offensive, von dem Zusammenwirken der verschiedenen Waffengattungen und der technischen Kampfmittel unter den Bedingungen des modernen Krieges, von der Rolle großer Panzer- und Flugzeugmassen im modernen Krieg, die Lehre von der Artillerie als der mächtigsten Waffengattung. In den verschiedensten Stadien des Krieges fand das Genie Stalins die richtigen Lösungen, die allen Besonderheiten der entstandenen Lage Rechnung trugen.«[84]

Und weiter schreibt Stalin:

»Die Stalinsche Kriegskunst trat sowohl bei der Verteidigung als auch beim Angriff in Erscheinung ... Mit genialem Scharfblick durchschaute Genosse Stalin die Pläne des Feindes und durchkreuzte sie. Die Schlachten, in denen Genosse Stalin die Leitung der Sowjettruppen innehatte, sind hervorragende Musterbeispiele operativer Kriegskunst.«[85]

Auf diese Art wurde Stalin als Stratege gerühmt. Wer tat das? Stalin selbst, nur, daß er nicht in der Rolle des Strategen, sondern in der eines Autors bzw. Redakteurs auftrat, eines der Hauptschöpfer seines von Eigenlob geprägten Lebenslaufes.

So sind die Tatsachen, Genossen. Man muß geradeheraus sagen – die schmachvollen Tatsachen.

Und noch ein Fakt aus ebendieser »Kurzen Lebensbeschreibung« Stalins. Bekanntlich arbeitete an der Herausgabe des »Kurzen Lehrgangs der Geschichte der KPdSU(B)« eine Kommission des Zentralkomitees der Partei. Dieses – offen gesagt – ebenfalls vom Personenkult durchtränkte Buch ist von einem Autorenkollektiv ausgearbeitet worden. Das fand seine Widerspiegelung in der folgenden, im Umbruchexemplar der »Kurzen Lebensbeschreibung« Stalins enthaltenen Formulierung:

»Eine Kommission des Zentralkomitees der KPdSU(B) unter Leitung des Genossen Stalin und seiner aktivsten persönlichen Teilnahme schuf den ›Kurzen Lehrgang der Geschichte der Kommunistischen Partei der Sowjetunion (Bolschewiki).‹«[86]

Diese Formulierung jedoch konnte Stalin nicht zufriedenstellen: in der »Kurzen Lebensbeschreibung« wurde sie durch folgenden Satz ersetzt:

»1938 erschien das Buch ›Geschichte der Kommunistischen Partei der Sowjetunion (Bolschewiki), Kurzer Lehrgang‹, das von Genossen Stalin verfaßt und von einer Kommission des Zentralkomitees der KPdSU(B) bestätigt wurde.«[87] Was kann man hier weiter hinzufügen?

Wie Sie sehen, trat hier eine erstaunliche Metamorphose einer von einer Gruppe geschaffenen Arbeit in ein von Stalin geschriebenes Buch ein. Nicht nötig zu sagen, auf welche Weise und warum die Metamorphose vorgenommen wurde.

Es erhebt sich die begründete Frage: Wenn Stalin der Autor dieses Buches ist, weshalb brauchte er ein solches Lobpreisen der Person Stalins, und weshalb wurde aus der gesamten nachrevolutionären Periode der Geschichte unserer ruhmvollen Kommunistischen Partei nichts weiter als der Hintergrund für das Handeln des »Stalinschen Genius« gemacht?

Haben in dem Buch die Anstrengungen der Partei auf dem Gebiet der sozialistischen Umgestaltung des Landes, des Aufbaus der sozialistischen Gesellschaft, der Industrialisierung und Kollektivierung des Landes sowie andere von der Partei unternommene Schritte ihre Widerspiegelung erfahren, das Vorgehen der Partei auf dem von Lenin abgesteckten Weg? Dieses Buch spricht vorwiegend über Stalin, über seine Reden, seine Referate. Alles ohne die geringste Ausnahme ist mit seinem Namen verbunden.

Und wenn Stalin selbst erklärt, eben er habe den »Kurzen Lehrgang der Geschichte der KPdSU(B)« geschrieben, so muß das zumindest Verwunderung auslösen. Kann denn ein Marxist-Leninist so über sich schreiben, daß er die eigene Person in den Himmel hebt?

Oder nehmen wir die Stalin-Orden.[88] Sogar die Zaren haben keine Preise gestiftet, die sie mit eigenem Namen bezeichnet hätten.

Stalin selbst erachtete jenen Text der Staatshymne der

UdSSR für den besten, in dem *kein einziges Wort* über die Kommunistische Partei vorkommt, dafür aber die folgende beispiellose Lobpreisung Stalins:

»Uns hat Stalin zur Treue gegenüber dem Volk erzogen.

Zu großen Mühen und Taten hat er uns angespornt.«

In diesen Versen der Hymne ist die gesamte erzieherische, leitende und inspirierende Tätigkeit der großen Leninschen Partei Stalin zugeschrieben worden. Das ist natürlich ein offenes Abgehen vom Marxismus-Leninismus, eine offene Herabsetzung und Schmälerung der Rolle der Partei. Zu Ihrer Information sei hinzugefügt, daß das Präsidium des ZK bereits einen Beschluß zur Erarbeitung eines neuen Textes für die Hymne gefaßt hat, in dem die Rolle des Volkes, die Rolle der Partei ihre Widerspiegelung finden.

Und wurde Stalins Name vielen Großbetrieben und Städten ohne sein Wissen gegeben, oder wurden ohne sein Wissen im ganzen Land Stalin-Denkmäler errichtet – diese »Denkmäler zu Lebzeiten«? Schließlich ist es Tatsache, daß Stalin selbst am 2. Juli 1951 den Beschluß des Ministerrates der UdSSR zur Frage des Baus eines monumentalen Stalin-Denkmals am Wolga-Don-Kanal unterzeichnete, und am 4. September desselben Jahres erließ er die Verfügung, 33 Tonnen Kupfer für den Bau dieses Monuments bereitzustellen. Wer auch immer in der Umgebung von Stalingrad war, konnte sehen, welch riesiges Standbild sich dort erhebt, und das an einem Ort, wo wenig Menschen leben. Doch für seinen Bau wurden gewaltige Summen ausgegeben – und das in einer Periode, als unsere Menschen in diesem Gebiet nach dem Krieg noch in Lehmhütten wohnten. Urteilen Sie selbst, ob Stalin in seinem Lebenslauf zu Recht geschrieben hat, er habe »niemals auch nur einen Schatten von Eigendünkel, Überheblichkeit, Selbstlob an den Tag gelegt«.[89]

Gleichzeitig ließ Stalin es an Achtung gegenüber dem Andenken Lenins mangeln. Es ist sicher kein Zufall, daß der Sowjetpalast[90], dessen Bau als ein Denkmal für Lenin vor gut dreißig Jahren beschlossen wurde, nicht gebaut worden ist, daß seine Errichtung ständig verschoben, dem Vergessen anheimgegeben wurde. Man muß das korrigieren und ein solches Denkmal für Lenin errichten.

Man kann auch nicht an dem am 14. August 1925 gefaßten Beschluß der Sowjetregierung »Über die Stiftung von Leninpreisen für wissenschaftliche Arbeiten« vorübergehen. Dieser Beschluß wurde in der Presse veröffentlicht, doch bisher gibt es keine Leninpreise. Diese Angelegenheit muß man ebenfalls korrigieren.

Zu Lebzeiten Stalins wurden dank der bekannten Methoden, von denen ich im Zusammenhang mit einigen Fakten aus der Entstehungsgeschichte der »Kurzen Lebensbeschreibung« Stalins sprach, alle Ereignisse so beleuchtet, als ob Lenin sogar während der Sozialistischen Oktoberrevolution eine zweitrangige Rolle gespielt habe. In vielen Filmen, in vielen literarischen Werken wurde die Gestalt Lenins unrichtig beleuchtet, in unzulässiger Weise herabgesetzt.

Stalin sah sich sehr gern den Film »Das unvergeßliche Jahr 1919« an, in dem er auf den Trittbrettern eines Panzerzuges gezeigt wird und fast mit dem Säbel die Feinde berührt. Möge Kliment Jefremowitsch (Woroschilow), unser teurer Freund, Mut fassen und die Wahrheit über Stalin schreiben, denn schließlich weiß er, wie Stalin Krieg führte. Dem Gen. Woroschilow[91] wird es gewiß schwerfallen, sich an diese Arbeit zu machen, aber es wäre gut, wenn er es täte. Alle werden das gutheißen, das Volk wie die Partei. Und die Enkel werden ihm dafür dankbar sein.

Bei der Behandlung der mit der Oktoberrevolution und dem Bürgerkrieg verbundenen Ereignisse wurde die Sache in vielen Fällen so dargestellt, als ob die Hauptrolle überall Stalin zugefallen sei, als ob Stalin immer und überall Lenin suggeriert habe, was er wie zu tun habe. Aber das ist doch eine Verleumdung Lenins!

Ich gehe sicher nicht fehl, wenn ich sage, daß 99 Prozent der hier Anwesenden wenig über Stalin vor 1924 gewußt und gehört haben, und Lenin kannten alle im Land, ihn kannte die ganze Partei, das ganze Volk, vom Kind bis zum Greis.

All das ist gründlich zu revidieren, damit die Rolle

Lenins, die großen Taten unserer Kommunistischen Partei und des Sowjetvolkes, eines schöpferischen Volkes, in Geschichte, Literatur und Kunstwerken die richtige Widerspiegelung finden.

Genossen! Der Personenkult trug dazu bei, im Parteiaufbau und in der wirtschaftlichen Tätigkeit fehlerhafte Methoden zu verbreiten, er bewirkte die brutale Verletzung der innerparteilichen und Sowjetdemokratie, nacktes Administrieren, verschiedenartige Verzerrungen, das Vertuschen von Fehlern, das Schönfärben der Realität. Es wimmelte bei uns von Speichelleckern, Lobhudlern und Betrügern.

Man darf auch nicht daran vorbeisehen, daß infolge der zahlreichen Verhaftungen von Partei-, Sowjet- und Wirtschaftsfunktionären viele unserer Mitarbeiter ängstlich zu arbeiten begannen, übermäßige Vorsicht an den Tag legten, sich vor allem Neuen, ja vor dem eigenen Schatten fürchteten, daß sie weniger Initiative in der Arbeit zu zeigen begannen.

Und nehmen wir die Beschlüsse der Partei- und Sowjetorgane. Man begann sie nach einer Schablone anzufertigen, häufig ohne Berücksichtigung der konkreten Situation. Es kam dazu, daß Partei- und andere Funktionäre auf den kleinsten Sitzungen und Beratungen in allen Fragen ihre Reden abzulesen begannen. All das beschwor die Gefahr der Schaffung einer Beamtenpartei, der Bürokratisierung des Apparates herauf.

Stalins Lebensfremdheit, seine Unkenntnis der wirklichen Lage an der Basis kann am Beispiel der Leitung der Landwirtschaft gut aufgezeigt werden.

Alle, die sich auch nur etwas für die Lage im Lande interessierten, sahen die schwierige Situation in der Landwirtschaft, doch Stalin nahm diese nicht wahr.

Haben wir darüber zu Stalin gesprochen?

Ja, wir haben, doch er unterstützte uns nicht. Warum geschah das? Deshalb, weil Stalin nie ins Land reiste, sich nicht mit Arbeitern und Kolchosbauern traf und die tatsächliche Lage im Territorium nicht kannte.

Das Land und die Landwirtschaft kannte er nur aus Filmen. Und die Filme beschönigten, lackierten den Zustand in der Landwirtschaft. In vielen Filmen wurde das Kolchosleben so dargestellt, daß die Tische sich unter den Truthähnen und Gänsen bogen. Offensichtlich meinte Stalin, daß es so in Wirklichkeit sei.

Wladimir Iljitsch Lenin sah anders auf das Leben; er war stets eng mit dem Volk verbunden; er empfing Bauerndelegierte bei sich, häufig sprach er auf Versammlungen in Fabriken, er fuhr aufs Dorf, sprach mit den Bauern.

Stalin grenzte sich vom Volk ab, niemals fuhr er irgendwohin. Und das ging so über Dutzende von Jahren. Das letzte Mal fuhr er im Januar 1928 aufs Land, und zwar nach Sibirien wegen der Getreidelieferungen. Woher konnte er denn die Lage auf dem Dorf kennen?

Und als während eines Gesprächs Stalin gesagt wurde, daß die Lage in der Landwirtschaft schwer sei, daß es besonders schlecht um die Erzeugung von Fleisch und anderen tierischen Produkten stehe, wurde eine Kommission eingesetzt, die beauftragt wurde, einen Beschlußentwurf »Über Maßnahmen zur weiteren Entwicklung der Viehzucht in den Kolchosen und Sowchosen« vorzubereiten. Wir haben einen solchen Entwurf erarbeitet.

Selbstverständlich umfaßten unsere damaligen Vorschläge nicht alle Möglichkeiten, doch es wurden Wege zur Erhöhung der Viehzucht in den Kollektivwirtschaften und Staatsgütern aufgezeigt. Damals wurde vorgeschlagen, die Aufkaufpreise für tierische Erzeugnisse zu erhöhen, um das materielle Interesse der Genossenschaftsbauern, der Mitarbeiter der Maschinen-Traktoren-Stationen und Staatsgüter an der Entwicklung der Viehzucht zu erweitern. Aber das von uns ausgearbeitete Projekt wurde nicht angenommen, und im Februar 1953 wurde es beiseite gelegt.

Mehr noch, bei der Erörterung dieses Entwurfs schlug Stalin vor, die von den Kolchosen und Kolchosbauern gezahlte Steuer um weitere 40 Milliarden Rubel zu erhöhen, weil es den Bauern nach seiner Ansicht gut ginge und ein Kolchosbauer, der nur ein Huhn verkaufe, völlig die Staatssteuer aufbringen könne.

Überlegen Sie nur, was das bedeutet hätte. Denn 40 Milliarden Rubel sind eine Summe, die die Bauern nicht einmal für die Gesamtmenge der dem Staat gelieferten Produkte erhielten. Im Jahre 1952 erhielten zum Beispiel die Kolchose und Kolchosbauern für die gesamte an den Staat gelieferte und verkaufte Produktion 26 Milliarden 280 Millionen Rubel.

Stützte sich ein solcher Vorschlag Stalins auf irgendwelche Angaben? Natürlich nicht. In solchen Fällen interessierten ihn Fakten und Zahlen nicht. Wenn Stalin etwas sagte, bedeutete das, daß es so war – denn schließlich war er ein »Genie«, und ein Genie muß nicht rechnen, es reichte, wenn es die Sache betrachtete und bestimmte, wie es zu sein habe. Er äußerte seine Ansicht, und danach mußten alle sie wiederholen und von seiner Weisheit begeistert sein.

Doch was war weise an dem Vorschlag der Steuererhöhung um 40 Milliarden Rubel? Nichts, überhaupt nichts, weil sich dieser Vorschlag nicht auf die reale Bewertung der Wirklichkeit stützte, sondern auf die Hirngespinste eines vom Leben abgeschnittenen Menschen.

Heute beginnen wir in der Landwirtschaft, uns etwas aus der schwierigen Situation herauszuwinden. Die Reden der Delegierten auf dem XX. Parteitag erfreuen jeden von uns; wir freuen uns, wenn viele Delegierte sagen, daß alle Voraussetzungen bestehen, um die Aufgaben des 6. Fünfjahrplans im Bereich der wichtigsten tierischen Erzeugnisse nicht in fünf, sondern im Verlauf von zwei bis drei Jahren zu erfüllen. Wir sind überzeugt, daß die Aufgaben des neuen Fünfjahrplans erfolgreich erfüllt werden.

Genossen!

Wenn wir heute scharf gegen den Personenkult auftreten, der sich zu Stalins Lebzeiten umfassend verbreitet hatte, und wenn wir über viele negative Erscheinungen sprechen, die aus diesem, dem Geist des Marxismus-Leninismus fremden Kult resultieren, kann bei einzelnen Menschen die

Frage auftauchen: Was soll das, schließlich stand Stalin 30 Jahre lang an der Spitze der Partei und des Landes, und zu seinen Lebzeiten wurden große Siege errungen; kann man das denn abstreiten? Ich meine, so können nur verblendete und vom Personenkult hoffnungslos hypnotisierte Personen fragen, die das Wesen der Revolution und des Sowjetstaates nicht begreifen, die nicht auf Leninsche Art die Rolle der Partei und des Volkes bei der Entwicklung der Sowjetgesellschaft verstehen.

Die sozialistische Revolution hat die Arbeiterklasse im Bündnis mit der armen Bauernschaft und mit Unterstützung der Mittelbauern vollbracht, sie wurde vom Volk unter Führung der bolschewistischen Partei durchgeführt. Das große Verdienst Lenins beruht darauf, daß er eine Kampfpartei der Arbeiterklasse schuf, sie mit dem marxistischen Verständnis der gesellschaftlichen Entwicklungsgesetze ausrüstete, mit der Lehre vom Sieg des Proletariats im Kampf gegen den Kapitalismus, daß er die Partei im Feuer der revolutionären Schlachten der Volksmassen stählte. Im Laufe dieses Kampfes verteidigte die Partei konsequent die Interessen des Volkes, wurde seine erprobte Führerin, führte sie die werktätigen Massen zur Macht, zur Errichtung des ersten sozialistischen Staates auf der Welt.

Denken Sie an die klugen Worte Lenins, daß der Sowjetstaat stark ist durch das Bewußtsein der Massen, daß heutzutage Millionen, Dutzende Millionen Menschen Geschichte machen.

Unsere historischen Siege verdanken wir der organisatorischen Arbeit der Partei, ihren zahlreichen territorialen Organisationen, der opfervollen Arbeit unseres großen Volkes. Diese Siege – sie sind das Ergebnis der in ihrem Ausmaß riesigen Tätigkeit des Volkes und der Partei als Ganzes; sie sind überhaupt nicht die Frucht der Führung nur durch den einen Stalin, wie es in der Blütezeit des Personenkults versucht wurde darzustellen.

Wenn man auf marxistische, auf Leninsche Art an diese Frage herangeht, muß man geradeheraus erklären, daß die

Praxis der Führung, wie sie sich während der letzten Lebensjahre Stalins herausformte, zu einem ernsthaften Hemmnis auf dem Wege der Entwicklung der sowjetischen Gesellschaft geworden ist.

Stalin hat sich über lange Monate nicht mit wichtigen und keinen Aufschub duldenden Problemen des Lebens der Partei und des Landes beschäftigt. Zu Zeiten der Führung Stalins waren unsere friedlichen Beziehungen zu anderen Ländern häufig gefährdet, weil seine selbstherrlichen Entscheidungen große Komplikationen auslösen konnten und manchmal auch auslösten.

In den letzten Jahren, seit wir uns von der schädlichen Praxis des Personenkults befreiten und eine Reihe verantwortungsvoller Schritte im Bereich der Innen- und Außenpolitik unternahmen, sehen alle, wie unter ihren Augen die Aktivität zusehends wächst, wie sich die schöpferische Initiative der breiten arbeitenden Massen entwickelt, wie wohltuend all das auf die Ergebnisse unseres ökonomischen und kulturellen Aufbaus Einfluß zu nehmen beginnt.

Einige Genossen können fragen: Wo waren denn die Mitglieder des Politbüros des ZK, weshalb sind sie nicht rechtzeitig gegen den Personenkult aufgetreten und tun das erst in letzter Zeit?

Man muß vor allem die Tatsache berücksichtigen, daß die Mitglieder des Politbüros diese Fragen in verschiedenen Perioden unterschiedlich betrachteten. Anfangs unterstützten viele von ihnen aktiv Stalin, weil Stalin einer der stärksten Marxisten war und seine Logik, seine Kraft und sein Willen auf die Kader, die Parteiarbeit großen Einfluß ausübten.

Es ist bekannt, daß Stalin nach dem Tode Lenins, vor allem in den ersten Jahren, aktiv für den Leninismus gegen die Feinde der Leninschen Lehre und diejenigen, die sie entstellten, kämpfte. Die Partei, die die Leninsche Lehre zum Ausgangspunkt nahm, entfaltete mit dem Zentralkomitee an ihrer Spitze die Arbeit zur sozialistischen Industrialisierung des Landes, zur Kollektivierung der Landwirtschaft und zur Verwirklichung der Kulturrevolution. In jener Zeit erwarb sich

Stalin Popularität, Sympathie und Unterstützung. Die Partei mußte gegen jene kämpfen, die versuchten, das Land vom einzig richtigen, dem Leninschen Weg abzubringen, sie mußte gegen Trotzkisten, Sinowjewleute und Rechte, gegen bürgerliche Nationalisten kämpfen. Dieser Kampf war unabdingbar. Später jedoch begann Stalin, der die Macht immer mehr mißbrauchte, mit hervorragenden Funktionären der Partei und des Staates abzurechnen, terroristische Methoden gegenüber ehrlichen sowjetischen Menschen anzuwenden. Wie wir bereits feststellten, verfuhr Stalin gerade so mit den hervorragenden Funktionären unserer Partei und des Staates – mit Kossior, Rudzutaks, Eiche, Postyschew und vielen anderen.

Versuche, gegen unbegründete Verdächtigungen und Anklagen aufzutreten, führten dazu, daß der Protestierende der Repression zum Opfer fiel. In dieser Hinsicht ist der Fall des Gen. Postyschew charakteristisch.

In einem Gespräch äußerte Stalin seine Unzufriedenheit mit Postyschew und stellte ihm die Frage:

»Was für einer sind Sie?«

Postyschew erklärte standhaft:

»Bolschewik bin ich, Genosse Stalin, Bolschewik!«

Und diese Erklärung galt anfangs als Mißachtung Stalins, dann als schädliche Haltung, und in der Konsequenz hatte das die Liquidierung Postyschews zur Folge, der ohne jegliche Grundlagen zum »Volksfeind« deklariert wurde.

Über die Situation, die sich damals herausbildete, habe ich manchmal mit Nikolai Alexandrowitsch Bulganin gesprochen. Als wir einmal zu zweit im Auto fuhren, sagte er mir:

»So geschieht es, daß mancher zu Stalin fährt, zu dem er als Freund eingeladen wurde. Und wenn er bei Stalin sitzt, weiß er nicht, wohin sie ihn bringen: nach Hause oder ins Gefängnis.«

Es ist klar, daß solche Bedingungen jedes Politbüromitglied in eine äußerst schwierige Situation brachten. Wenn wir darüber hinaus aber die Tatsache berücksichtigen, daß Plenartagungen des ZK in den letzten Jahren faktisch nicht einberufen wurden und Sitzungen des Politbüros nur von Fall zu Fall stattfanden, dann verstehen wir, wie schwierig es für irgendein Politbüromitglied war, sich gegen dieses oder jenes ungerechte oder fehlerhafte Vorgehen auszusprechen, gegen offensichtliche Fehler und Mängel in der Praxis der Führung.

Wie wir schon konstatierten, wurden viele Entscheidungen individuell durch eine Person oder im Umlaufverfahren, unter Umgehung einer kollektiven Erörterung, getroffen.

Allen bekannt ist das traurige Schicksal des Mitglieds des Politbüros Gen. Wosnessenski, der den Repressalien Stalins zum Opfer fiel. Charakteristisch ist, daß der Beschluß, ihn aus dem Politbüro zu entfernen, niemals diskutiert, sondern ohne Kollektiv herbeigeführt wurde. Auf die gleiche Weise sind die Beschlüsse zustande gekommen, die Genossen Kusnezow und Rodionow aus ihren Funktionen zu entfernen.

Ernsthaft herabgesetzt wurde die Rolle des Politbüros des ZK, wurde dessen Arbeit desorganisiert durch die Schaffung verschiedener Kommissionen innerhalb des Politbüros, der sogenannten Fünfer-, Sechser-, Siebener- und Neunergruppen. Hier ist zum Beispiel der Beschluß des Politbüros vom 3. Oktober 1946:

»Antrag Gen. Stalins

1. Die Kommission für Auswärtige Angelegenheiten beim Politbüro (Sechsergruppe) ist zu beauftragen, sich in Zukunft neben Fragen der Außenpolitik auch mit Fragen des inneren Aufbaus und der Innenpolitik zu befassen.

2. Die Zusammensetzung der Sechsergruppe um den Vorsitzenden der Staatlichen Plankommission der UdSSR, Gen. Wosnessenski, ist zu ergänzen und die Sechsergruppe künftig Siebenergruppe zu nennen.

Sekretär des ZK – J. Stalin.«

Was ist das für eine Kartenspieler-Terminologie! Es ist klar, daß die Schaffung derartiger Kommissionen innerhalb des Politbüros – »Fünfer«, »Sechser«, »Siebener« und »Neuner« –

das Prinzip der kollektiven Führung untergrub. Im Ergebnis waren einige Mitglieder des Politbüros auf diese Weise von der Entscheidung wichtiger Staatsangelegenheiten ausgeschlossen.

Unter unmöglichen Bedingungen befand sich eines der ältesten Mitglieder unserer Partei – Kliment Jefremowitsch Woroschilow. Im Verlaufe einer Reihe von Jahren wurde er faktisch des Rechts der Teilnahme an der Arbeit des Politbüros beraubt. Stalin verbot ihm, zu den Sitzungen des Politbüros zu kommen, und er untersagte es, ihm Dokumente zu schicken. Wenn das Politbüro tagte und Genosse Woroschilow davon erfuhr, rief er jedesmal an und fragte, ob er zur Sitzung kommen dürfe. Manchmal gestattete Stalin es ihm, doch immer brachte er seine Unzufriedenheit zum Ausdruck. Infolge seines extremen Mißtrauens und Argwohns verstieg sich Stalin bis zu einem so unsinnigen und lächerlichen Verdacht, Woroschilow sei ein englischer Agent. So ist es, ein englischer Agent. Und bei ihm zu Hause wurde ein Spezialapparat zum Abhören seiner Gespräche installiert.

Mit einer allein von ihm getroffenen Entscheidung schloß Stalin noch ein anderes Politbüromitglied von der Arbeit des Politbüros aus, Andrej Andrejewitsch Andrejew.

Das war zügelloseste Willkür.

Und nehmen wir das erste ZK-Plenum nach dem XIX. Parteitag, als Stalin das Wort ergriff und auf dem Plenum Wjatscheslaw Michailowitsch Molotow und Anastas Iwanowitsch Mikojan charakterisierte, wobei er gegen diese alten Funktionäre unserer Partei durch nichts begründete Anklagen erhob.

Wenn Stalin noch einige Monate länger am Steuer der Macht geblieben wäre, so wäre es nicht ausgeschlossen, daß die Genossen Molotow und Mikojan auf unserem Parteitag nicht mehr hätten reden können.

Stalin hatte offensichtlich seine Pläne, mit alten Mitgliedern des Politbüros abzurechnen. Manchmal sprach er davon, daß die Mitglieder des Politbüros auszuwechseln seien. Sein Antrag nach dem XIX. Parteitag über die Wahl von 25

Personen in das Präsidium des ZK hatte die Beseitigung der alten Mitglieder des Politbüros und die Besetzung durch weniger erfahrene Genossen zum Ziel, damit diese ihn auf jegliche Weise lobpriesen. Man darf sogar vermuten, daß dies mit der Absicht erdacht worden war, später die alten Mitglieder des Politbüros auszuschalten und auf diese Weise die Spuren jener schmutzigen Handlungen Stalins zu verwischen, über die wir jetzt berichten.

Genossen! Um die Fehler der Vergangenheit nicht zu wiederholen, tritt das Zentralkomitee entschieden gegen den Personenkult auf. Wir meinen, daß Stalin über jedes Maß herausgehoben wurde. Zweifellos hatte Stalin in der Vergangenheit große Verdienste gegenüber der Partei, der Arbeiterklasse und der internationalen Arbeiterbewegung.

Kompliziert wird die Frage durch den Umstand, daß all das, worüber an dieser Stelle gesprochen wurde, zu Zeiten Stalins unter seiner Führung und mit seinem Einverständnis begangen wurde, wobei Stalin überzeugt war, daß dies zur Verteidigung der Interessen der werktätigen Massen gegenüber den Umtrieben der Feinde und den Attacken des imperialistischen Lagers unerläßlich sei. All das betrachtete er von der Position der Verteidigung der Interessen der Arbeiterklasse, der Interessen des arbeitenden Volkes, der Interessen des Sieges des Sozialismus und Kommunismus. Man kann nicht sagen, daß die Taten Stalins die eines gedankenlosen Despoten waren. Er meinte, daß man im Interesse der Partei, der werktätigen Massen, um der Verteidigung der revolutionären Errungenschaften willen so handeln müßte. Darin liegt die wirkliche Tragödie!

Genossen! Lenin unterstrich wiederholt, daß Bescheidenheit eine unverzichtbare Eigenschaft für einen echten Bolschewiken ist. Lenin selbst war die lebendige Verkörperung der größten Bescheidenheit. Man kann nicht sagen, daß wir in jeder Hinsicht diesem Leninschen Beispiel gefolgt sind. Es genügt wohl festzustellen, daß viele Städte, Fabriken und Industriebetriebe, Kolchose und Staatsgüter, Sowjet- und Kultureinrichtungen gewissermaßen, wenn man so sagen darf, Privateigentum geworden sind, indem ihnen die Namen dieser oder jener Staats- und Parteifunktionäre gegeben wurden, die sich noch einer guten Gesundheit erfreuen. An der Namensverleihung an Städte, Rayons, Betriebe, Kolchose haben viele von uns teilgenommen. Das muß man korrigieren.

Doch das muß vernünftig, ohne Eile getan werden. Das Zentralkomitee wird diese Angelegenheit besprechen und genau bedenken, daß keinerlei Fehler und Überspitzungen zugelassen werden. Ich erinnere mich, wie man in der Ukraine von der Verhaftung Kossiors erfuhr. Der Kiewer Rundfunk begann seine Sendungen gewöhnlich so: »Hier spricht Radio Kossior«. Und eines Tages begannen die Sendungen ohne die Erwähnung Kossiors. Alle errieten, daß mit Kossior etwas passiert war, daß er sicher verhaftet worden war.

Wenn wir jetzt also überall beginnen, Schilder abzunehmen und Bezeichnungen zu ändern, können die Menschen denken, daß mit diesen Genossen, deren Namen die jeweiligen Betriebe, Kolchose oder Städte tragen, offensichtlich etwas geschehen ist, daß bestimmt auch sie festgenommen worden sind.

Woran wird bei uns manchmal Autorität und Bedeutung dieses oder jenes Führers gemessen? Daran, daß soundso viele Städte, Industriebetriebe und Fabriken, so viele Kolchose und Sowchose nach ihm benannt wurden. Ist es nicht an der Zeit, mit diesem »Privateigentum« Schluß zu machen und die Fabriken und Industriebetriebe, die Kolchose und Sowchose zu »nationalisieren«? Das wird unserer Sache nutzen. Schließlich findet der Personenkult auch in derartigen Fakten seinen Ausdruck.

Wir müssen uns der Frage des Personenkults mit ganzem Ernst widmen. Wir dürfen diese Frage nicht aus der Partei heraustragen, noch weniger in die Spalten der Presse. Ebendeshalb referieren wir sie auf einer geschlossenen Sitzung des Parteitages. Man muß das Maß kennen, den Feinden keine Nahrung geben, ihnen nicht unsere Blößen enthüllen.

Ich glaube, daß die Parteitagsdelegierten all diese Maßnahmen richtig verstehen und beurteilen werden.

Genossen! Wir müssen den Personenkult entschlossen ein für allemal beseitigen, entsprechende Konsequenzen sowohl in der ideologisch-theoretischen wie auch in der praktischen Arbeit ziehen.

Zu diesem Zweck ist es erforderlich:

Erstens, auf bolschewistische Art den Personenkult zu verurteilen und auszurotten, der dem Geist des Marxismus-Leninismus fremd ist und mit den Prinzipien der Führung der Partei und den Normen des Parteilebens unvereinbar ist, unbarmherzig jegliche Versuche zu bekämpfen, ihn in dieser oder jener Gestalt zu verankern.

In unserer ideologischen Arbeit die wichtigen Thesen der Lehre des Marxismus-Leninismus über das Volk als den Schöpfer der Geschichte, als Schöpfer aller materiellen und geistigen Güter der Menschheit, über die entscheidende Rolle der marxistischen Partei im revolutionären Kampf um die Veränderung der Gesellschaft, für den Sieg des Kommunismus wiederherzustellen und konsequent zu verwirklichen.

Im Zusammenhang damit werden wir eine große Arbeit vollbringen müssen, um von der Position des Marxismus-Leninismus aus kritisch die weitverbreiteten fehlerhaften Ansichten einzuschätzen und zu korrigieren, die mit dem Personenkult in Geschichte, Philosophie, Ökonomie und anderen Wissenschaften wie auch in Literatur und Kunst verbunden sind. Insbesondere ist in nächster Zeit ein vollwertiges, mit wissenschaftlicher Objektivität verfaßtes marxistisches Lehrbuch zur Geschichte unserer Partei auszuarbeiten, desgleichen Lehrbücher zur Geschichte der Sowjetgesellschaft und Bücher, die die Geschichte des Bürgerkrieges und des Großen Vaterländischen Krieges betreffen.

Zweitens, konsequent und ausdauernd die in den letzten Jahren vom Zentralkomitee der Partei unternommene Arbeit fortzusetzen, die gekennzeichnet ist durch genaueste Einhaltung der Leninschen Prinzipien der Führung der Partei in allen Parteiorganisationen, von oben bis unten, und vor allem des Hauptprinzips, der Kollektivität der Leitung, durch die Einhaltung der Normen des Parteilebens, die im Statut unserer Partei verankert sind, durch die Entwicklung von Kritik und Selbstkritik.

Drittens, die Leninschen Prinzipien der sowjetischen sozialistischen Demokratie voll wiederherzustellen, wie sie in der Verfassung der Sowjetunion ausgedrückt sind, die Willkür von Personen zu bekämpfen, die die Macht mißbrauchen. Bis zum Ende ist das Übel auszuräumen, das durch die Akte der Vergewaltigung der revolutionären sozialistischen Gesetzlichkeit bewirkt wurde und das sich über längere Zeit infolge der negativen Folgen des Personenkults angesammelt hat.

Genossen!

Der XX. Parteitag der Kommunistischen Partei der Sowjetunion manifestierte mit neuer Kraft die unverbrüchliche Einheit unserer Partei, ihre Geschlossenheit um das Zentralkomitee, ihren entschlossenen Willen, die großen Aufgaben des kommunistischen Aufbaus zu erfüllen. Und die Tatsache, daß wir heute die grundlegenden Probleme der Überwindung des mit dem Marxismus-Leninismus unvereinbaren Personenkults sowie der Beseitigung seiner schwerwiegenden Folgen in ganzem Umfang aufwerfen, zeugt von der großen moralischen und politischen Kraft unserer Partei.

Wir sind vollkommen überzeugt, daß unsere Partei, die mit den historischen Beschlüssen ihres XX. Parteitages ausgerüstet ist, das sowjetische Volk auf dem Leninschen Wege zu neuen Erfolgen, zu neuen Siegen führen wird.

Es lebe das siegreiche Banner unserer Partei – der Leninismus!

Beschluß des Zentralkomitees der KPdSU über die Überwindung des Personenkults und seiner Folgen

30. Juni 1956

Neues Deutschland (B), 3. Juli 1956,
S. 3/4

I.

Das Zentralkomitee der KPdSU stellt mit Befriedigung fest, daß die Beschlüsse des historischen XX. Parteitages der Kommunistischen Partei der Sowjetunion von unserer ganzen Partei, dem gesamten Sowjetvolk, den brüderlichen kommunistischen und Arbeiterparteien, den Werktätigen des großen Freundschaftsbundes der sozialistischen Länder und Millionen Menschen in den kapitalistischen und kolonialen Ländern voll und ganz gebilligt und lebhaft unterstützt werden. Das ist auch verständlich, da der XX. Parteitag, der eine neue Etappe in der schöpferischen Entwicklung des Marxismus-Leninismus darstellt, die gegenwärtige internationale und innere Lage eingehend analysiert, die Kommunistische Partei und das ganze Sowjetvolk mit einem großartigen Plan zum weiteren Kampf für den Aufbau des Kommunismus ausgerüstet und neue Perspektiven für vereinte Aktionen aller Parteien der Arbeiterklasse zur Abwendung der Gefahr eines neuen Krieges und für die Interessen der Werktätigen eröffnet hat.

Bei der Verwirklichung der Beschlüsse des XX. Parteitages der KPdSU ringt das Sowjetvolk unter der Führung der Kommunistischen Partei um neue gewaltige Erfolge auf allen Gebieten des politischen, wirtschaftlichen und kulturellen Lebens des Landes. Die Sowjetmenschen haben sich noch enger um die Kommunistische Partei zusammengeschlossen und entwickeln große schöpferische Aktivität im Kampf für die Lösung der vom XX. Parteitag gestellten Aufgaben.

Die seit dem Parteitag vergangene Zeit hat zugleich die große Lebenskraft seiner Beschlüsse für die internationale kommunistische und Arbeiterbewegung und für den Kampf aller fortschrittlichen Kräfte, für die Festigung des Friedens in der ganzen Welt gezeigt. Die vom Parteitag ausgearbeiteten wichtigen prinzipiellen theoretischen Leitsätze über die friedliche Koexistenz von Staaten mit verschiedener sozialer Ordnung, über die Möglichkeit der Verhinderung von Kriegen in der gegenwärtigen Epoche und über die Verschiedenartigkeit der Formen des Übergangs der Länder zum Sozialismus üben positiven Einfluß auf die internationale Lage aus und fördern die Entspannung und die Festigung der Aktionseinheit aller für Frieden und Demokratie kämpfenden Kräfte sowie die weitere Stärkung der Position des Weltsystems des Sozialismus.

Während die historischen Beschlüsse des XX. Parteitages der KPdSU unter den Sowjetmenschen und unter den Werktätigen der volksdemokratischen Länder und der ganzen Welt große Begeisterung, einen neuen Aufschwung der schöpferischen Initiative und der revolutionären Energie auslösten, riefen sie im Lager der Feinde der Arbeiterklasse Beunruhigung und Erbitterung hervor. Die reaktionären Kreise der USA und einiger anderer kapitalistischer Mächte sind über das große Programm zum Kampf für die Festigung des Friedens, das auf dem XX. Parteitag der KPdSU vorgezeichnet wurde, offensichtlich beunruhigt. Ihre Beunruhigung nimmt in dem Maße zu, wie dieses Programm aktiv und konsequent verwirklicht wird.

Warum konzentrieren die Feinde des Kommunismus und des Sozialismus das Feuer auf die Mängel, von denen das Zentralkomitee unserer Partei auf dem XX. Parteitag der KPdSU sprach? Sie tun das, um die Aufmerksamkeit der Arbeiterklasse und ihrer Parteien von den *Hauptfragen* abzulenken, die auf dem XX. Parteitag aufgeworfen wurden und den Weg für neue Erfolge der Sache des Friedens, des Sozialismus und der Einheit der Arbeiterklasse frei machen.

Die Beschlüsse des XX. Parteitages der KPdSU sowie die Innen- und Außenpolitik der Sowjetregierung riefen in den imperialistischen Kreisen der USA und anderer Staaten Verwirrung hervor.

Die kühne und konsequente Außenpolitik der UdSSR zur Gewährleistung des Friedens und der Zusammenarbeit zwischen den Staaten, unabhängig von ihrer Gesellschaftsordnung, findet in den breitesten Volksmassen aller Länder der Welt Unterstützung, erweitert die Front der friedliebenden Staaten und verursacht eine tiefe Krise der Politik des »kalten Krieges«, der Politik des Zusammenzimmerns von Militärblocks und des Wettrüstens. Es ist kein Zufall, daß die imperialistischen Kreise in den USA den größten Lärm um den in der UdSSR geführten Kampf gegen den Personenkult machen. Ihnen war das Vorhandensein von negativen Erscheinungen, die mit dem Personenkult zusammenhängen, von Vorteil, um unter Ausnutzung dieser Tatsachen gegen den Sozialismus zu kämpfen. Jetzt, da unsere Partei die Folgen des Personenkults kühn überwindet, sehen die Imperialisten darin einen Faktor, der die Vorwärtsbewegung unseres Landes zum Kommunismus beschleunigt und die Positionen des Kapitalismus schwächt.

In ihrem Bestreben, die große Anziehungskraft der Beschlüsse des XX. Parteitages der KPdSU und ihren Einfluß auf die breitesten Volksmassen zu schwächen, greifen die Ideologen des Kapitalismus zu Winkelzügen und Kniffen aller Art, um die Aufmerksamkeit der Werktätigen von den fortschrittlichen und anspornenden Ideen, die die sozialistische Welt der Menschheit gibt, abzulenken.

In letzter Zeit wurde in der bürgerlichen Presse eine breite antisowjetische Verleumdungskampagne entfaltet, als deren Anlaß die reaktionären Kreise gewisse Tatsachen, die mit dem von der Kommunistischen Partei der Sowjetunion verurteilten Kult mit der Person J. W. Stalins zusammenhängen, auszunutzen versuchen. Die Organisatoren dieser Kampagne bieten alles auf, um »im trüben zu fischen« und die Tatsache zu verheimlichen, daß es sich um eine überwundene Etappe im Leben des Sowjetlandes handelt. Sie wollen auch die Tatsache verschweigen und entstellen, daß die Kommunistische

Partei der Sowjetunion und die Sowjetregierung in den nach dem Tode Stalins vergangenen Jahren außerordentlich beharrlich und entschieden die Folgen des Personenkults beseitigen und erfolgreich neue Aufgaben im Interesse der Festigung des Friedens und des Aufbaus des Kommunismus sowie im Interesse der breiten Volksmassen lösen.

Mit der Entfaltung der Verleumdungskampagne versuchen die Ideologen der Bourgeoisie erneut und erfolglos einen Schatten auf die großen Ideen des Marxismus-Leninismus zu werfen, das Vertrauen der Werktätigen zur UdSSR, dem ersten sozialistischen Land der Welt, zu untergraben und Verwirrung in die Reihen der internationalen kommunistischen und Arbeiterbewegung zu tragen.

Die Erfahrungen der Geschichte lehren, daß die Feinde der internationalen proletarischen Einheit in der Vergangenheit mehrmals versuchten, ihrer Meinung nach günstige Momente zur Untergrabung der internationalen Einheit der kommunistischen und Arbeiterparteien, zur Spaltung der internationalen Arbeiterbewegung und zur Schwächung der Kräfte des sozialistischen Lagers auszunutzen. Doch jedesmal erkannten die kommunistischen und Arbeiterparteien die Manöver der Feinde des Sozialismus und schlossen ihre Reihen noch enger, womit sie ihre unverbrüchliche politische Einheit und ihre unerschütterliche Treue zu den Idealen des Marxismus-Leninismus demonstrierten.

Die brüderlichen kommunistischen und Arbeiterparteien haben auch dieses Manöver der Feinde des Sozialismus rechtzeitig erkannt und erteilen ihm die gebührende Abfuhr. Zugleich wäre es falsch, die Augen vor der Tatsache zu verschließen, daß einige unserer Freunde im Ausland sich nicht völlig über die Frage des Personenkults und seiner Folgen klar sind und zuweilen gewisse Probleme, die mit dem Personenkult zusammenhängen, falsch auffassen.

Bei der Kritik am Personenkult geht die Partei von den Prinzipien des Marxismus-Leninismus aus. Schon seit mehr als drei Jahren kämpft unsere Partei konsequent gegen den Personenkult um J. W. Stalin und überwindet beharrlich seine schädlichen Folgen. Natürlich nahm diese Frage in der Arbeit des XX. Parteitages der KPdSU und in seinen Beschlüssen einen wichtigen Platz ein. Der Parteitag stellte fest, daß das Zentralkomitee sich völlig zu Recht und rechtzeitig gegen den Personenkult wandte, dessen Verbreitung die Rolle der Partei und der Volksmassen schmälerte, die Rolle der kollektiven Führung in der Partei beeinträchtigte und häufig zu ernsthaften Versäumnissen in der Arbeit, zu groben Verletzungen der sozialistischen Gesetzlichkeit führte. Der Parteitag beauftragte das Zentralkomitee, konsequent Maßnahmen zu treffen, die die völlige Überwindung des dem Marxismus-Leninismus fremden Personenkults, die Beseitigung seiner Folgen auf allen Gebieten der Partei-, Staats- und ideologischen Arbeit und die strenge Befolgung der von dem großen Lenin ausgearbeiteten Normen des Parteilebens und der Prinzipien der kollektiven Leitung der Partei gewährleisten.

Im Kampf gegen den Personenkult läßt sich die Partei leiten von den bekannten Thesen des Marxismus-Leninismus über die Rolle der Volksmassen, der Partei und einzelner Persönlichkeiten der Geschichte und über die Unzulässigkeit des Personenkults um einen politischen Führer, so groß seine Verdienste auch sein mögen. Der Begründer des wissenschaftlichen Kommunismus, Karl Marx, erklärte unter Betonung seines »Widerwillen(s) gegen allen Personenkultus«, daß sein Eintritt und der Eintritt Friedrich Engels' in den Bund der Kommunisten »nur unter der Bedingung (geschah), daß alles aus den Statuten entfernt würde, was dem Autoritätsaberglauben förderlich«.[1]

Bei der Schaffung unserer Kommunistischen Partei kämpfte W. I. Lenin unversöhnlich gegen die antimarxistische Konzeption des »Helden« und des »Haufens« und verurteilte entschieden die Gegenüberstellung des Helden als Einzelperson und der Volksmassen. »Jedoch der Geist von vielen Millionen schöpferischer Menschen«, sagte W. I. Lenin, »schafft etwas unendlich Höheres als die größte und genialste Voraussicht.«[2]

Als das ZK der KPdSU die Frage des Kampfes gegen den Personenkult um J. W. Stalin anschnitt, ging es davon aus, daß der Personenkult der Natur der sozialistischen Ordnung widerspricht und zu einem Hemmnis auf dem Weg der Entwicklung der Sowjetdemokratie und des Vorwärtsschreitens der Sowjetgesellschaft zum Kommunismus geworden ist.

Der XX. Parteitag hielt es auf Initiative des Zentralkomitees für notwendig, kühn und offen von den schwerwiegenden Folgen des Personenkults und von den ernsten Fehlern, die in den letzten Jahren des Lebens Stalins gemacht wurden, zu sprechen und die ganze Partei aufzurufen, in gemeinsamen Anstrengungen all dem ein Ende zu setzen, was der Personenkult nach sich zog. Dabei war sich das ZK darüber im klaren, daß wir uns mit einem offenen Eingestehen der gemachten Fehler gewisse Blößen geben, die sich die Gegner zunutze machen können. Die kühne und schonungslose Selbstkritik in der Frage des Personenkults war ein neuer beredter Beweis für die Stärke und die Festigkeit unserer Partei und der sozialistischen Sowjetordnung. Man kann mit Sicherheit sagen, daß es keine der herrschenden Parteien der kapitalistischen Länder jemals wagen würde, einen derartigen Schritt zu tun. Im Gegenteil, sie würden sich bemühen, derartige unangenehme Dinge zu verschweigen und dem Volk zu verheimlichen. Doch die nach den revolutionären Prinzipien des Marxismus-Leninismus erzogene Kommunistische Partei der Sowjetunion hat die ganze Wahrheit gesagt, so bitter sie auch sein mag. Die Partei entschloß sich zu diesem Schritt ausschließlich auf ihre eigene Initiative, geleitet von grundsätzlichen Erwägungen. Sie ging davon aus, daß das Auftreten gegen den Stalin-Kult vom Standpunkt der Hauptinteressen und der Endziele der Arbeiterklasse in der Perspektive ein gewaltiges positives Ergebnis zeitigen wird, wenn es auch gewisse zeitweilige Schwierigkeiten auslöst. Damit werden feste Garantien dafür geschaffen, daß in Zukunft in unserer Partei und in unserem Lande niemals Erscheinungen wie der Personenkult entstehen können und daß die Partei und das Land in Zukunft kollektiv geführt werden auf der Grundlage der Durchführung der marxistisch-leninistischen Politik bei entfalteter innerparteilicher Demokratie, bei aktiver schöpferischer Beteiligung der Millionenmassen der Werktätigen und bei umfassender Entwicklung der Sowjetdemokratie.

Mit ihrem entschiedenen Auftreten gegen den Personenkult und seine Folgen und ihrer offenen Kritik an den in seinem Gefolge aufgetretenen Fehlern demonstrierte die Partei erneut ihre Treue zu den unsterblichen Prinzipien des Marxismus-Leninismus und zu den Interessen des Volkes und ihre Sorge dafür, daß die besten Bedingungen für die Entwicklung der Partei- und der Sowjetdemokratie im Interesse des erfolgreichen Aufbaus des Kommunismus in unserem Lande geschaffen werden.

Das ZK der KPdSU stellt fest, daß die Erörterung der Frage des Personenkults und seiner Folgen in den Parteiorganisationen und in allgemeinen Versammlungen der Werktätigen mit großer Aktivität der Parteimitglieder und der Parteilosen vor sich ging und daß die Linie des ZK der KPdSU in der Partei und im Volk völlige Billigung und Unterstützung gefunden hat.

Die von der Partei bekanntgegebenen Tatsachen der Verletzung der sozialistischen Gesetzlichkeit und andere Fehler, die mit dem Personenkult um J. W. Stalin zusammenhängen, lösen natürlich Bitterkeit und tiefes Bedauern aus. Die Sowjetmenschen begreifen aber, daß die Verurteilung des Personenkults im Interesse des Aufbaus des Kommunismus, dessen aktive Teilnehmer sie sind, notwendig war. Das Sowjetvolk sieht, daß die Partei in den letzten Jahren unermüdlich praktische Maßnahmen zur Beseitigung der Folgen des Personenkults auf allen Gebieten des Partei-, des staatlichen, des wirtschaftlichen und des kulturellen Aufbaus trifft. Durch diese Arbeit ist die Partei, deren innere Kräfte jetzt nichts hemmt, dem Volk noch nähergekommen und entwickelt jetzt eine noch nicht dagewesene schöpferische Aktivität.

II.

Wie konnte es aber geschehen, daß unter den Verhältnissen der sozialistischen Sowjetordnung der Personenkult um Stalin mit all seinen negativen Folgen entstand und Verbreitung fand?

Erörtert man diese Frage, so muß man sowohl die objektiven, konkreten historischen Bedingungen, in denen der Aufbau des Sozialismus in der UdSSR vor sich ging, als auch gewisse subjektive Faktoren, die mit den persönlichen Eigenschaften Stalins zusammenhängen, in Betracht ziehen.

Die Sozialistische Oktoberrevolution ist als das klassische Beispiel der unter der Führung der Arbeiterklasse vollzogenen revolutionären Umgestaltung der kapitalistischen Gesellschaft in die Geschichte eingegangen. Am Beispiel des heldenhaften Kampfes der bolschewistischen Partei und des ersten sozialistischen Staates der Welt – der UdSSR – lernen die kommunistischen und Arbeiterparteien der anderen Länder sowie alle fortschrittlichen und demokratischen Kräfte, wie die grundlegenden sozialen Fragen, die von der gegenwärtigen gesellschaftlichen Entwicklung aufgeworfen werden, zu lösen sind. In fast vierzigjährigem Aufbau der sozialistischen Gesellschaft haben die Werktätigen unseres Landes gewaltige Erfahrungen gesammelt, die die Werktätigen der anderen sozialistischen Länder studieren und sich schöpferisch, gemäß ihren eigenen konkreten Bedingungen, zu eigen machen.

Dies war der erste Versuch in der Geschichte, eine sozialistische Gesellschaft zu errichten, die sich im Prozeß des Suchens und des praktischen Erprobens vieler, den Sozialisten bisher nur in allgemeinen Zügen, in der Theorie, bekannter Wahrheiten in der Praxis bildete. Im Laufe von mehr als einem Vierteljahrhundert war das Sowjetland das einzige Land, das der Menschheit den Weg zum Sozialismus bahnte. Es ähnelte einer belagerten Festung, die sich in der kapitalistischen Einkreisung befand. Die Feinde des Sowjetlandes im Westen und im Osten fuhren nach der gescheiterten Intervention der 14 Staaten von 1918 bis 1920 fort, neue

»Kreuzzüge« gegen die UdSSR vorzubereiten. Die Feinde sandten Spione und Diversanten in großer Zahl in die UdSSR und bemühten sich mit allen Mitteln, den ersten sozialistischen Staat der Welt zu untergraben. Die Gefahr einer neuen imperialistischen Aggression gegen die UdSSR verstärkte sich besonders nach dem Machtantritt des Faschismus in Deutschland im Jahre 1933, der die Vernichtung des Kommunismus und die Vernichtung der Sowjetunion, des ersten Staates der Werktätigen in der Welt, als sein Ziel verkündete. Allen ist die Bildung des sogenannten Anti-Komintern-Paktes und der »Achse Berlin–Rom–Tokio«, die von den Kräften der gesamten internationalen Reaktion aktiv unterstützt wurden, in Erinnerung. In der Atmosphäre der akuten Gefahr eines neuen Krieges, als die Westmächte die von der Sowjetunion mehrmals vorgeschlagenen Maßnahmen zur Zügelung des Faschismus und zur Organisierung der kollektiven Sicherheit ablehnten, war das Sowjetland gezwungen, alle Kräfte zur Festigung der Verteidigung, zum Kampf gegen die Machenschaften der feindlichen kapitalistischen Einkreisung anzuspannen. Die Partei mußte das ganze Volk im Geist der ständigen Wachsamkeit und Bereitschaft angesichts der äußeren Feinde erziehen.

Die Machenschaften der internationalen Reaktion waren um so gefährlicher, als innerhalb des Landes lange Zeit ein erbitterter Klassenkampf im Gange war und die Frage »Wer wen?« entschieden wurde. Nach dem Tode Lenins wurden die feindlichen Strömungen in der Partei aktiver – Trotzkisten, Rechtsopportunisten und die bürgerlichen Nationalisten, die für den Verzicht auf die Leninsche Theorie von der Möglichkeit des Sieges des Sozialismus in einem Lande eintraten, was in Wirklichkeit zur Wiederherstellung des Kapitalismus in der UdSSR geführt hätte. Die Partei entfaltete einen erbarmungslosen Kampf gegen diese Feinde des Leninismus.

In Erfüllung des Leninschen Vermächtnisses nahm die Kommunistische Partei Kurs auf die sozialistische Industrialisierung des Landes, die Kollektivierung der Landwirtschaft und die Verwirklichung der Kulturrevolution. Auf dem Weg der Lösung dieser großartigen Aufgaben zum Aufbau der sozialistischen Gesellschaft in einem einzeln genommenen Lande mußten das Sowjetvolk und die Kommunistische Partei unerhörte Schwierigkeiten und Hindernisse überwinden. Unser Land mußte in historisch kürzester Frist ohne jegliche wirtschaftliche Hilfe von außen seine jahrhundertelange Rückständigkeit beseitigen und die gesamte Volkswirtschaft auf neuen, sozialistischen Grundlagen umgestalten.

Diese komplizierte internationale und innere Lage erforderte eiserne Disziplin und ständige Erhöhung der Wachsamkeit sowie strengste Zentralisierung der Führung, was sich negativ auf die Entwicklung einiger demokratischer Formen auswirken mußte. Im Verlauf des erbitterten Kampfes mit der ganzen Welt des Imperialismus mußte unser Land zu gewissen Beschränkungen der Demokratie greifen, die durch die Logik des Kampfes unseres Volkes für den Sozialismus unter den Bedingungen der kapitalistischen Einkreisung gerechtfertigt waren. Doch diese Beschränkungen wurden bereits damals von der Partei und dem Volk als zeitweilig betrachtet und sollten im Zuge der Festigung des Sowjetstaates und der Entwicklung der Kräfte der Demokratie und des Sozialismus in der ganzen Welt beseitigt werden. Das Volk brachte bewußt diese zeitweiligen Opfer, da es mit jedem Tag neue Erfolge der sowjetischen Gesellschaftsordnung sah.

Alle diese Schwierigkeiten beim Aufbau des Sozialismus wurden vom Sowjetvolk unter der Führung der Kommunistischen Partei und ihres Zentralkomitees überwunden, das konsequent die Leninsche Generallinie durchführte.

Der Sieg des Sozialismus in unserem Lande, das sich in feindlicher Einkreisung und in ständiger Gefahr eines Überfalls von außen befand, war eine welthistorische Tat des Sowjetvolkes. Im Laufe der ersten Planjahrfünfte machte das wirtschaftlich rückständige Land durch die angestrengten, heroischen Bemühungen des Volkes und der Partei einen gigantischen Sprung in seiner wirtschaftlichen und kulturellen Entwicklung. Auf der Grundlage der Erfolge des sozialistischen Aufbaus wurde der Lebensstandard der Werktätigen gehoben und die Arbeitslosigkeit für immer beseitigt. Im Lande vollzog sich eine tiefgreifende kulturelle Revolution. In kürzester Zeit zog das Sowjetvolk zahlreiche Kader der technischen Intelligenz heran, die das Niveau des technischen Fortschritts der Welt erreichten und die sowjetische Wissenschaft und Technik auf einen der führenden Plätze in der Welt stellten. Initiator und Organisator dieser Siege war die große Partei der Kommunisten. Die Werktätigen der ganzen Welt haben sich am Beispiel der UdSSR anschaulich davon überzeugt, daß die Arbeiter und Bauern, wenn sie die Macht in die eigenen Hände genommen haben, ohne Kapitalisten und Gutsbesitzer ihren sozialistischen Staat, der die Interessen der breiten Volksmassen zum Ausdruck bringt und verteidigt, erfolgreich aufbauen und entwickeln können. All dies spielte eine gewaltige, begeisternde Rolle für das Wachsen des Einflusses der kommunistischen und Arbeiterparteien in allen Ländern der Welt.

J. W. Stalin, der lange Zeit den Posten des Generalsekretärs des ZK der Partei innehatte, kämpfte zusammen mit den anderen führenden Funktionären aktiv für die Verwirklichung des Leninschen Vermächtnisses. Er war dem Marxismus-Leninismus ergeben und leitete als Theoretiker und bedeutender Organisator den Kampf der Partei gegen die Trotzkisten, die rechten Opportunisten und die bürgerlichen Nationalisten sowie gegen die Machenschaften der kapitalistischen Einkreisung. In diesem politischen und ideologischen Kampf erwarb Stalin große Autorität und Popularität. Jedoch begann man, fälschlich all unsere großen Siege mit seinem Namen zu verbinden. Die Erfolge, die die Kommunistische Partei und das Sowjetland erzielt hatten, die Lobpreisungen auf Stalin, stiegen ihm zu Kopf. In dieser Atmosphäre entwickelte sich allmählich der Personenkult um Stalin.

Die Entwicklung des Personenkults förderten in gewaltigem Maße gewisse persönliche Eigenschaften J. W. Stalins, auf deren negativen Charakter bereits W. I. Lenin hinwies. Ende 1922 richtete Lenin ein Schreiben an den Parteitag, in dem es hieß:

»Gen. Stalin hat, nachdem er Generalsekretär geworden ist, eine unermeßliche Macht in seinen Händen konzentriert, und ich bin nicht überzeugt, daß er es immer verstehen wird, von dieser Macht vorsichtig genug Gebrauch zu machen.« In einem Zusatz zu diesem Brief, den Lenin Anfang Januar 1923 schrieb, kommt Lenin erneut auf die Frage einiger für einen Führer nicht tragbarer persönlicher Eigenschaften Stalins zurück. »Stalin ist zu grob«, schrieb Lenin, »und dieser Mangel, der in unserer Mitte und im Verkehr zwischen uns Kommunisten durchaus erträglich ist, kann in der Funktion des Generalsekretärs nicht geduldet werden. Deshalb schlage ich den Genossen vor, sich zu überlegen, wie man Stalin ablösen könnte, und jemand anderen an diese Stelle zu setzen, der sich in jeder Hinsicht von Gen. Stalin nur durch *einen* Vorzug unterscheidet, nämlich dadurch, daß er toleranter, loyaler, höflicher und den Genossen gegenüber aufmerksamer, weniger launenhaft usw. ist.«[3]

Auf dem XIII. Parteitag, der bald nach dem Tode W. I. Lenins stattfand, wurden seine Briefe den Delegationen zur Kenntnis gebracht. Nach der Erörterung dieser Dokumente wurde es für zweckmäßig erachtet, Stalin auf dem Posten des Generalsekretärs zu belassen, jedoch mit dem Vorbehalt, daß er die Kritik W. I. Lenins berücksichtige und aus ihr alle notwendigen Schlußfolgerungen ziehe.

Auf dem Posten des Generalsekretärs des ZK geblieben, trug Stalin in der ersten Zeit nach dem Tode Wladimir Iljitsch Lenins dessen kritischen Hinweisen Rechnung. Später jedoch überschätzte Stalin seine Verdienste maßlos und begann, sich selbst für unfehlbar zu halten. Gewisse Beschränkungen der innerparteilichen und der sowjetischen Demokratie, die während des erbitterten Kampfes gegen den Klassenfeind und seine Agenten und später während des Krieges gegen die deutsch-faschistischen Eindringlinge unumgänglich waren, begann Stalin zur Norm des Lebens innerhalb der Partei und im Staate zu machen und trat die Leninschen Prinzipien der Führung gröblich mit Füßen. Plenartagungen des ZK und Parteitage wurden unregelmäßig durchgeführt und dann viele Jahre hindurch gar nicht einberufen. Stalin stand faktisch jenseits der Kritik.

Großen Schaden für den sozialistischen Aufbau und die Entwicklung der Demokratie innerhalb der Partei und des Staates verursachte Stalins falsche Formel, daß der Klassenkampf sich in dem Maße, wie die Sowjetunion zum Sozialismus fortschreitet, immer mehr verschärfen werde. Diese Formel, die nur richtig ist für bestimmte Etappen der Übergangsperiode, als die Frage »Wer wen?« entschieden wurde, als ein erbitterter Klassenkampf um die Errichtung der Grundlagen des Sozialismus im Gange war, wurde im Jahre 1937, zu einem Zeitpunkt in den Vordergrund geschoben, als der Sozialismus in unserem Lande bereits gesiegt hatte, als die Ausbeuterklassen und ihre wirtschaftliche Basis beseitigt waren. In der Praxis diente diese falsche theoretische Formel als Begründung für gröbste Verletzungen der sozialistischen Gesetzlichkeit und für Massenrepressalien.

Unter diesen Voraussetzungen ergab sich insbesondere für die Organe der Staatssicherheit eine besondere Lage. Ihnen wurde gewaltiges Vertrauen entgegengebracht, da sie beim Schutz der Errungenschaften der Revolution unzweifelhafte Verdienste um das Volk und das Land erworben hatten. Lange Zeit hatten die Staatssicherheitsorgane dieses Vertrauen gerechtfertigt, und ihre besondere Stellung beschwor keinerlei Gefahr herauf. Das änderte sich, nachdem die Kontrolle über sie seitens Partei und Regierung allmählich durch die persönliche Kontrolle Stalins und die übliche Einhaltung der Normen der Rechtsprechung häufig durch seine eigenmächtigen Entscheidungen ersetzt wurde. Die Lage der Staatssicherheitsorgane wurde noch komplizierter, als die verbrecherische Bande Berijas, des Agenten des internationalen Imperialismus, an ihre Spitze trat. Es kam zu schwerwiegenden Verletzungen der sowjetischen Gesetzlichkeit und zu Massenrepressalien. Die Folge der Machenschaften der Feinde war, daß viele ehrliche Kommunisten und parteilose Sowjetmenschen verleumdet wurden und unschuldig leiden mußten.

Der XX. Parteitag und die gesamte Politik des Zentralkomitees nach dem Tode Stalins zeigen anschaulich, daß es innerhalb des Zentralkomitees der Partei einen festgefügten Leninschen Kern führender Funktionäre gab, die die akuten Erfordernisse sowohl der Innen- als auch der Außenpolitik richtig verstanden. Man kann nicht sagen, daß es keine Gegenwirkungen gegen die negativen Erscheinungen gab, die mit dem Personenkult zusammenhingen und die Vorwärtsbewegung des Sozialismus hemmten. Darüber hinaus gab es bestimmte Zeitabschnitte, zum Beispiel während des Krieges, als die eigenmächtigen Handlungen Stalins stark eingeschränkt wurden und die negativen Folgen der Gesetzlosigkeit, der Willkür usw. wesentlich weniger fühlbar waren.

Es ist bekannt, daß gerade während des Krieges Mitglieder des ZK und auch hervorragende sowjetische Heerführer bestimmte Abschnitte der Tätigkeiten im Hinterland und an der Front in ihre Hand nahmen, selbständig Entscheidungen trafen und durch ihre organisatorische, politische, wirtschaftliche und militärische Tätigkeit zusammen mit den örtlichen Parteiorganisationen und Verwaltungsorganen den Sieg des Sowjetvolkes im Kriege sicherten. Nach dem Sieg begannen sich die negativen Folgen des Personenkults erneut mit großer Stärke auszuwirken.

Der Leninsche Kern des Zentralkomitees begann unmittelbar nach dem Tode Stalins mit dem entschiedenen Kampf gegen den Personenkult und seine schwerwiegenden Folgen.

Es kann die Frage entstehen: Warum wandten sich denn diese Leute nicht offen gegen Stalin und entfernten ihn von der Führung? Unter den gegebenen Verhältnissen war das nicht möglich. Zweifellos besagen die Tatsachen, daß Stalin an vielen Ungesetzlichkeiten schuld ist, die besonders in der letzten Zeit seines Lebens begangen wurden. Gleichzeitig darf man jedoch nicht vergessen, daß die Sowjetmenschen Stalin als einen Menschen kannten, der stets für den Schutz der UdSSR vor den Anschlägen der Feinde eintrat und für die Sache des Sozialismus kämpfte. Er wandte zuweilen in diesem Kampf unwürdige Methoden an und verletzte die

Leninschen Prinzipien und Normen des Parteilebens. Darin bestand die Tragödie Stalins. Doch all das erschwerte zugleich auch den Kampf gegen die damals begangenen Ungesetzlichkeiten, weil die Erfolge beim Aufbau des Sozialismus und bei der Festigung der UdSSR in der Atmosphäre des Personenkults Stalin zugeschrieben wurden.

Jedes Auftreten gegen ihn wäre unter diesen Bedingungen vom Volk nicht verstanden worden, und es handelt sich hierbei keineswegs um Mangel an persönlichem Mut. Es ist klar, daß niemand, der sich in dieser Atmosphäre gegen Stalin gewandt hätte, die Unterstützung im Volke erhalten hätte. Darüber hinaus wäre ein derartiges Auftreten unter diesen Verhältnissen als ein Auftreten gegen den Aufbau des Sozialismus, als in der Atmosphäre der kapitalistischen Einkreisung äußerst gefährliche Untergrabung der Einheit der Partei und des ganzen Staates angesehen worden. Es kommt hinzu, daß die Erfolge, die die Werktätigen der Sowjetunion unter Führung ihrer Kommunistischen Partei erzielten, das Herz eines jeden Sowjetmenschen mit berechtigtem Stolz erfüllten und eine Atmosphäre schufen, in der einzelne Fehler und Mängel auf dem Hintergrund der gewaltigen Erfolge weniger bedeutend erschienen und die negativen Folgen dieser Fehler rasch durch die kolossal anwachsenden Lebenskräfte der Partei und der Sowjetgesellschaft ausgeglichen wurden.

Ferner muß auch der Umstand berücksichtigt werden, daß viele Tatsachen sowie falsche Handlungen Stalins, besonders auf dem Gebiet der Verletzung der sowjetischen Gesetzlichkeit, erst in letzter Zeit, erst nach dem Tode Stalins, hauptsächlich durch die Entlarvung der Berija-Bande und die Errichtung der Kontrolle der Partei über die Staatssicherheitsorgane, bekannt wurden.

Das sind die wichtigsten Voraussetzungen und Ursachen, die zur Entstehung und Verbreitung des Personenkults um J. W. Stalin führten. Es ist selbstverständlich, daß alles Gesagte den Personenkult um J. W. Stalin und seine Folgen, die von unserer Partei so scharf und mit Recht verurteilt wurden, erklärt, aber keineswegs rechtfertigt.

III.

Zweifellos hat der Personenkult der Kommunistischen Partei und der Sowjetgesellschaft bedeutenden Schaden zugefügt. Es wäre jedoch ein grober Fehler, aus der Tatsache, daß früher ein Personenkult bestand, Schlüsse über irgendwelche Änderungen in der Gesellschaftsordnung in der UdSSR zu ziehen oder die Quelle dieses Kults in der Natur der sowjetischen Gesellschaftsordnung zu suchen. Sowohl das eine als auch das andere ist absolut falsch, da dies nicht der Wirklichkeit entspricht und den Tatsachen zuwiderläuft.

Trotz allem Schaden, den der Personenkult um Stalin der Partei und dem Volke zugefügt hat, konnte er die Natur unserer Gesellschaftsordnung nicht ändern und hat sie auch nicht geändert. Keinerlei Personenkult könnte die Natur des sozialistischen Staates ändern, der das gesellschaftliche Eigentum an den Produktionsmitteln, das Bündnis der Arbeiterklasse mit der Bauernschaft und die Freundschaft der Völker zur Grundlage hat, obwohl dieser Kult auch der Entwicklung der sozialistischen Demokratie und dem Aufschwung der schöpferischen Initiative der Massen schwer geschadet hat.

Zu glauben, daß eine einzelne Persönlichkeit, selbst eine so bedeutende wie Stalin, unsere gesellschaftliche und politische Ordnung ändern konnte, bedeutet, in einen tiefen Widerspruch mit den Tatsachen, mit dem Marxismus, mit der Wahrheit zu geraten, in Idealismus zu verfallen. Dies würde bedeuten, einer einzelnen Persönlichkeit so übermäßige, übernatürliche Kräfte zuzuschreiben wie die Fähigkeit, die Ordnung einer Gesellschaft, noch dazu einer Gesellschaftsordnung, in der die Millionenmassen der Werktätigen die entscheidende Kraft sind, zu ändern.

Bekanntlich wird die Natur der gesellschaftlichen und politischen Ordnung dadurch bestimmt, wie die Produktionsweise ist, wem in der Gesellschaft die Produktionsmittel gehören, in den Händen welcher Klasse die politische Macht liegt. Die ganze Welt weiß, daß in unserem Lande durch die Oktoberrevolution und den Sieg des Sozialismus eine sozialistische Produktionsweise entstanden ist, daß sich die Macht nun bereits seit fast 40 Jahren in den Händen der Arbeiterklasse und der Bauernschaft befindet. Deshalb festigt sich von Jahr zu Jahr die sowjetische Gesellschaftsordnung und wachsen ihre Produktivkräfte. Diese Tatsache müssen sogar Leute anerkennen, die uns nicht wohlgesinnt sind.

Die Folgen des Personenkults waren bekanntlich einige schwerwiegende Fehler in der Leitung verschiedener Tätigkeitsgebiete der Partei und des Sowjetstaates sowohl im inneren Leben des Sowjetlandes als auch in seiner Außenpolitik. Man kann unter anderem auf ernste Fehler hinweisen, die Stalin bei der Leitung der Landwirtschaft, bei der Vorbereitung des Landes auf die Abwehr der faschistischen Eindringlinge begangen hat, auf die grobe Willkür, die zu dem Konflikt in den Beziehungen zu Jugoslawien in der Nachkriegszeit geführt hat. Diese Fehler schadeten der Entwicklung im Leben des Sowjetstaates auf einzelnen Gebieten, hemmten, besonders in den letzten Lebensjahren J. W. Stalins, die Entwicklung der Sowjetgesellschaft, führten sie aber selbstverständlich nicht von dem richtigen Weg der Entwicklung zum Kommunismus ab.

Unsere Feinde behaupten, der Personenkult um Stalin sei angeblich nicht durch bestimmte historische Bedingungen, die bereits der Vergangenheit angehören, sondern durch das Sowjetsystem selbst, durch seinen, von ihrem Standpunkt undemokratischen Charakter und so weiter hervorgerufen worden. Derartige verleumderische Behauptungen werden durch die ganze Geschichte der Entwicklung des Sowjetstaates widerlegt. Die Sowjets als neue demokratische Form der Staatsmacht sind infolge des revolutionären Triumphes der breitesten Volksmassen entstanden, die sich zum Kampf für die Freiheit erhoben hatten. Sie waren und bleiben Organe einer wirklichen Volksherrschaft.

Gerade die Sowjetordnung schuf die Möglichkeit zur Entfaltung der gewaltigen schöpferischen Energie des Volkes. Sie setzte unerschöpfliche Kräfte, die in den Volksmassen ruhen, in Bewegung und bezog Millionen Menschen in d bewußte Lenkung des Staates, in die aktive schöpferische Teilnahme am Aufbau des Sozialismus ein. In historisch kurzer Frist ging der Sowjetstaat als Sieger aus schwersten Prüfungen hervor, bestand er die Probe im Feuer des zweiten Weltkrieges.

Nachdem in unserem Lande die letzten Ausbeuterklassen beseitigt sind, nachdem der Sozialismus zum herrschenden System in der ganzen Volkswirtschaft geworden ist und die internationale Stellung unseres Landes sich von Grund auf geändert hat, erhielt die Sowjetdemokratie eine unermeßlich breitere Basis, die ständig erweitert wird. Im Unterschied zu jeder bürgerlichen Demokratie verkündet die Sowjetdemokratie nicht nur ausnahmslos allen Mitgliedern der Gesellschaft das Recht auf Arbeit, Bildung und Erholung, auf die Mitwirkung an den Angelegenheiten des Staates, die Rede-, Presse- und Gewissensfreiheit und die reale Möglichkeit der freien Entfaltung der persönlichen Fähigkeiten sowie alle anderen demokratischen Rechte und Freiheiten, sondern sichert sie ihnen auch materiell. Das Wesen der Demokratie besteht nicht in formalen Merkmalen, sondern darin, ob die politische Macht den Willen und die grundlegenden Interessen der Mehrheit des Volkes, die Interessen der Werktätigen wirklich widerspiegelt und ihnen dient. Die gesamte Innen- und Außenpolitik der Sowjetunion zeugt davon, daß unsere Ordnung eine wahrhaft demokratische, eine wirkliche Ordnung des Volkes ist. Das höchste Ziel und die ständige Sorge des Sowjetstaates ist die allseitige Hebung der Lebenshaltung der Bevölkerung und die Gewährleistung einer friedlichen Existenz für sein Volk.

Ein Beweis für die weitere Entwicklung der sowjetischen Demokratie sind die von der Partei und Regierung durchgeführten Maßnahmen zur Erweiterung der Rechte und Kompetenzen der Unionsrepubliken, zur strikten Einhaltung der Gese<keit>, zur Umgestaltung des Planungssystems mit <…> örtliche Initiative zu entfalten, zur Aktivierung <…> der örtlichen Sowjets und zur Entwicklung von <…>stkritik.

Trotz des Personenkults und gegen ihn hat die aus unserer Gesellschaftsordnung geborene mächtige Initiative der Volksmassen, die von der Kommunistischen Partei geführt werden, ihre große historische Tat vollbracht und alle Hindernisse auf dem Wege des Aufbaus des Sozialismus überwunden. Und darin findet die Demokratie der sozialistischen Sowjetordnung ihren höchsten Ausdruck. Die großartigen Siege des Sozialismus in unserem Lande sind nicht von selbst gekommen. Sie wurden dank der gewaltigen organisatorischen und erzieherischen Arbeit der Partei und ihrer örtlichen Organisationen sowie dank der Tatsache erzielt, daß die Partei stets ihre Kader und alle Kommunisten im Geist der Treue zum Marxismus-Leninismus, zur Sache des Kommunismus erzogen hat. Die Sowjetgesellschaft ist stark durch die Bewußtheit der Massen. Ihr historisches Schicksal wird durch das schöpferische Wirken unserer heldenhaften Arbeiterklasse, der ruhmreichen Kolchosbauernschaft und der Volksintelligenz bestimmt.

Mit der Beseitigung der Folgen des Personenkults, mit der Wiederherstellung der bolschewistischen Normen des Parteilebens und mit der Entfaltung der sozialistischen Demokratie hat unsere Partei die Verbindung zu den breiten Massen weiter gefestigt und sie noch enger unter dem großen Banner Lenins zusammengeschlossen.

Die Tatsache, daß die Partei selbst kühn und offen die Frage der Beseitigung des Personenkults und der von Stalin begangenen unzulässigen Fehler stellte, ist ein überzeugender Beweis dafür, daß die Partei über den Leninismus, die Sache des Sozialismus und des Kommunismus, die Einhaltung der sozialistischen Gesetzlichkeit und die Interessen der Völker sowie die Gewährleistung der Rechte der Sowjetbürger wacht. Das ist der beste Beweis für die Stärke und die Lebenskraft der sozialistischen Sowjetordnung. Das zeugt zugleich von der Entschlossenheit, die Folgen des Personenkults völlig zu überwinden und in der Zukunft derartige Fehler nicht zu wiederholen.

Die Verurteilung des Personenkults um J. W. Stalin und

seiner Folgen durch unsere Partei fand auch in allen brüderlichen kommunistischen und Arbeiterparteien Billigung und großen Widerhall. Die ausländischen Kommunisten heben die gewaltige Bedeutung des XX. Parteitages der KPdSU für die gesamte internationale kommunistische und Arbeiterbewegung hervor und betrachten den Kampf gegen den Personenkult und seine Folgen als Kampf für die Reinheit der Prinzipien des Marxismus-Leninismus, für das schöpferische Herangehen an die Lösung der gegenwärtigen Probleme der internationalen Arbeiterbewegung, für die Bestätigung und die weitere Entwicklung der Prinzipien des proletarischen Internationalismus.

In den Erklärungen mehrerer kommunistischer Bruderparteien werden die von unserer Partei getroffenen Maßnahmen gegen den Personenkult und seine Folgen gebilligt und unterstützt. Die Pekinger »Volkszeitung«, das Organ des ZK der Kommunistischen Partei Chinas, legte die Schlußfolgerungen aus der Erörterung der Beschlüsse des XX. Parteitages der KPdSU in einer Sitzung des Politbüros des ZK der Kommunistischen Partei Chinas dar und schrieb in einem redaktionellen Artikel »Über die historischen Erfahrungen der Diktatur des Proletariats«: »Die Kommunistische Partei der Sowjetunion nimmt getreu dem Vermächtnis Lenins mit großem Ernst zu den von Stalin in der Leitung des sozialistischen Aufbaus begangenen schweren Fehlern und zu den durch sie hervorgerufenen Folgen Stellung. Angesichts der Tragweite dieser Folgen hat sich für die Kommunistische Partei der Sowjetunion die Notwendigkeit ergeben, gleichzeitig mit der Anerkennung der großen Verdienste Stalins in aller Schärfe den Kern der von Stalin begangenen Fehler aufzudecken und die ganze Partei aufzurufen, sich vor einer Wiederholung dessen zu hüten, und die durch diese Fehler entstandenen ungesunden Folgen entschieden zu beseitigen. Wir Kommunisten Chinas glauben fest, daß nach der scharfen Kritik auf dem XX. Parteitag der KPdSU all die aktiven Faktoren, die früher wegen gewisser politischer Fehler stark in den Hintergrund gedrängt wurden, unbedingt überall in

Bewegung geraten werden und daß die Kommunistische Partei der Sowjetunion und das Sowjetvolk im Kampf für den Aufbau einer in der Geschichte der Menschheit noch nie dagewesenen großen kommunistischen Gesellschaft und für den dauerhaften Frieden in der ganzen Welt noch geeinter und geschlossener als früher sein werden.«

»Es war ein Verdienst der führenden Genossen der Kommunistischen Partei der Sowjetunion«, heißt es in der Erklärung des Politbüros der Kommunistischen Partei Frankreichs, »daß sie zur Korrektur der Fehler und Mängel geschritten sind, die sich aus dem Personenkult ergaben; das zeugt von der Kraft und Einheit der großen Partei Lenins, vom Vertrauen, das sie im Sowjetvolk genießt, sowie von ihrer Autorität in der internationalen Arbeiterbewegung.« Der Generalsekretär des Nationalkomitees der Kommunistischen Partei der USA, Genosse Eugene Dennis, hebt in dem bekannten Artikel die gewaltige Bedeutung des XX. Parteitages hervor und erklärt: »Der XX. Parteitag hat den Weltfrieden und den sozialen Fortschritt gefestigt. Er bedeutete eine neue Etappe in der Entwicklung des Sozialismus und im Kampf für die friedliche Koexistenz, der zu Lenins Lebzeiten begann, in den letzten Jahren fortgesetzt wurde und immer wirksamer und erfolgreicher wird.«

Gleichzeitig muß festgestellt werden, daß bei der Erörterung der Frage des Personenkults die Ursachen, welche den Personenkult hervorriefen, und die Folgen dieses Kults für unsere Gesellschaftsordnung nicht immer richtig gedeutet werden. So enthält zum Beispiel das inhaltsreiche und interessante Interview des Genossen Togliatti für die Zeitschrift »Nuovi Argomenti« neben vielen überaus wichtigen und richtigen Schlüssen auch falsche Gedanken. Insbesondere kann man sich nicht einverstanden erklären, wenn Genosse Togliatti die Frage aufwirft, ob nicht die Sowjetgesellschaft »zu einigen Formen der Entartung« gelangt ist. Für eine solche Fragestellung besteht keinerlei Ursache. Sie ist um so unverständlicher, als Genosse Togliatti an anderer Stelle seines Interviews vollkommen richtig sagt:

»Man muß den Schluß ziehen, daß das Wesen der sozialistischen Gesellschaftsordnung nicht verlorengegangen ist, denn es ging keine einzige der vorhergegangenen Errungenschaften verloren und vor allen Dingen die Unterstützung der Gesellschaftsordnung durch die Massen der Arbeiter, Bauern, Geistesschaffenden, welche die Sowjetgesellschaft bilden. Diese Unterstützung selbst zeigt, daß trotz allem diese Gesellschaft ihren grundlegenden demokratischen Charakter bewahrt hat.«

In der Tat, ohne Unterstützung der Sowjetmacht, der Politik der Kommunistischen Partei durch die breitesten Volksmassen hätte unser Land nicht in unerhört kurzer Zeit eine machtvolle sozialistische Industrie schaffen, nicht die Landwirtschaft kollektivieren können, hätte es nicht den Sieg im zweiten Weltkrieg erringen können, von dessen Ausgang das Schicksal der gesamten Menschheit abhing. Als Ergebnis der völligen Zerschlagung des Hitlerismus, des italienischen Faschismus und des japanischen Militarismus erfuhren die Kräfte der kommunistischen Bewegung eine umfassende Entwicklung, wuchsen die kommunistischen Parteien Italiens, Frankreichs und anderer kapitalistischer Länder und wurden zu Massenparteien, wurde die volksdemokratische Ordnung in einer Reihe von Ländern Europas und Asiens errichtet, entstand und erstarkte das Weltsystem des Sozialismus, erzielte die nationale Befreiungsbewegung, die zum Niedergang des Kolonialsystems des Imperialismus führte, außerordentliche Erfolge.

Die Kommunisten, alle Sowjetmenschen billigen einmütig die Beschlüsse des XX. Parteitages der KPdSU, die den Personenkult verurteilen, und sehen in ihnen einen Beweis für die wachsende Kraft unserer Partei, ihre Leninsche Grundsatzfestigkeit, ihre Einheit und Geschlossenheit. »Die Partei des revolutionären Proletariats«, sagte W. I. Lenin, »ist stark genug, um offen an sich selbst Kritik zu üben, um ohne Umschweife einen Fehler als Fehler und eine Schwäche als Schwäche zu bezeichnen.«[4]

Geleitet von diesem Leninschen Prinzip, wird unsere Partei auch in Zukunft die Fehler und Mängel in ihrer Arbeit kühn aufdecken, offen kritisieren und entschieden beseitigen.

Das ZK der KPdSU ist der Ansicht, daß die bisher von der Partei geleistete Arbeit zur Überwindung des Personenkults und seiner Folgen schon positive Ergebnisse gezeitigt hat.

Ausgehend von den Beschlüssen des XX. Parteitages, ruft das Zentralkomitee der KPdSU alle Parteiorganisationen auf:

in unserer gesamten Arbeit konsequent die wichtigsten Punkte der Lehre des Marxismus-Leninismus vom Volk als Schöpfer der Geschichte, Schöpfer aller materiellen und geistigen Reichtümer der Menschheit, von der entscheidenden Rolle der marxistischen Partei im revolutionären Kampf für die Umgestaltung der Gesellschaft, für den Sieg des Kommunismus zu beachten;

die in den letzten Jahren vom Zentralkomitee der Partei geleistete Arbeit beharrlich weiterzuführen, die darauf gerichtet ist, sicherzustellen, daß in allen Parteiorganisationen von oben bis unten die Leninschen Grundsätze der Parteiführung, vor allem der höchste Grundsatz, die kollektive Leitung, und die Normen des Parteilebens, wie sie im Statut unserer Partei verankert sind, eingehalten, daß Kritik und Selbstkritik entfaltet werden;

die Grundsätze der sozialistischen Sowjetdemokratie, die in der Verfassung der Sowjetunion zum Ausdruck kommen, völlig wiederherzustellen und die Verletzung der revolutionären sozialistischen Gesetzlichkeit restlos zu korrigieren;

unsere Kader, alle Kommunisten und die breitesten Massen der Werktätigen zum Kampf für die praktische Verwirklichung der Aufgaben des sechsten Fünfjahrplans zu mobilisieren und zu diesem Zweck die schöpferische Initiative und Energie der Massen, der wahren Schöpfer der Geschichte, in jeder Weise zu entwickeln.

Der XX. Parteitag der KPdSU hat darauf hingewiesen, daß das wichtigste Kennzeichen unserer Epoche in der Umwandlung des Sozialismus in ein Weltsystem besteht. Die schwerste Etappe in der Entwicklung und Festigung des Sozialismus liegt hinter uns. Unser sozialistisches Land ist keine einsame Insel im Ozean der kapitalistischen Staaten mehr. Heute baut mehr als ein Drittel der gesamten Menschheit unter dem Banner des Sozialismus das neue Leben. Die Ideen des Sozialismus haben von vielen Millionen Menschen in den kapitalistischen Ländern Besitz ergriffen. Gewaltig ist die Einwirkung der Ideen des Sozialismus auf die Völker Asiens, Afrikas und Lateinamerikas, die sich gegen jede Art von Kolonialismus wenden.

Die Beschlüsse des XX. Parteitages der KPdSU werden von allen Anhängern des Friedens und des Sozialismus, von allen demokratischen und fortschrittlichen Kreisen aufgenommen als begeisterndes Programm des Kampfes für die Festigung des Friedens in der ganzen Welt, für die Interessen der Arbeiterklasse, für den Triumph des Sozialismus.

In der Gegenwart eröffnen sich den kommunistischen Parteien und der gesamten internationalen Arbeiterbewegung die weiten und begeisternden Perspektiven, gemeinsam mit allen friedliebenden Kräften einen neuen Weltkrieg abzuwenden, die Monopole zu zügeln und einen dauerhaften Frieden und die Sicherheit der Völker zu gewährleisten, das Wettrüsten einzustellen und den Werktätigen die dadurch hervorgerufene schwere Steuerlast von den Schultern zu nehmen und die demokratischen Rechte und Freiheiten zu vertreten, welche den Werktätigen den Kampf für ein besseres Leben und eine lichte Zukunft ermöglichen. Daran sind Millionen einfacher Menschen in allen Ländern der Welt zutiefst interessiert. Zu einer erfolgreichen Lösung dieser Probleme tragen in außerordentlich starkem Maße die Friedenspolitik und die immer neuen und neuen Erfolge der Sowjetunion, der Volksrepublik China und aller anderen auf dem Weg des Sozialismus schreitenden Länder bei.

Unter den neuen historischen Bedingungen haben solche internationalen Organisationen der Arbeiterklasse wie die Komintern und das Kominform ihre Tätigkeit eingestellt. Daraus folgt aber durchaus nicht, daß die internationale Solidarität und die Notwendigkeit von Kontakten der revolutionären Bruderparteien, die auf dem Boden des Marxismus-Leninismus stehen, ihre Bedeutung verloren haben. In der gegenwärtigen Zeit, da die Kräfte des Sozialismus und der Einfluß der

Ideen des Sozialismus in der ganzen Welt unermeßlich gewachsen sind, da sich die Eigenart der Wege zum Sozialismus in den verschiedenen Ländern erweist, müssen die marxistischen Parteien der Arbeiterklasse natürlich ihre ideologische Einheit und internationale brüderliche Solidarität im Kampf gegen die Gefahr eines neuen Krieges, im Kampf gegen die volksfeindlichen Kräfte des Monopolkapitals, die alle revolutionären und fortschrittlichen Bewegungen zu unterdrücken versuchen, bewahren und festigen. Die kommunistischen Parteien eint das große Ziel der Befreiung der Arbeiterklasse vom Joch des Kapitals. Sie verbindet miteinander die Treue zur wissenschaftlichen Ideologie des Marxismus-Leninismus und zum Geist des proletarischen Internationalismus, die rückhaltlose Treue zu den Interessen der Volksmassen.

In ihrer Tätigkeit gehen alle kommunistischen Parteien unter den gegenwärtigen Bedingungen von den nationalen Besonderheiten und Voraussetzungen jedes Landes aus und bringen auf umfassendste Weise die nationalen Interessen ihrer Völker zum Ausdruck. Gleichzeitig vereinigen und festigen sie die gegenseitigen Verbindungen und die gemeinsame Zusammenarbeit, da sie erkennen, daß der Kampf für die Interessen der Arbeiterklasse, für den Frieden und die nationale Unabhängigkeit ihrer Länder zugleich eine Sache des gesamten Weltproletariats ist. Die ideologische Geschlossenheit und brüderliche Solidarität der marxistischen Parteien der Arbeiterklasse in den verschiedenen Ländern sind um so notwendiger, als die kapitalistischen Monopole ihre internationalen aggressiven Vereinigungen und Blocks, wie die NATO, die SEATO und den Bagdad-Pakt[5], schaffen, die gegen die friedliebenden Völker, gegen die nationale Befreiungsbewegung, gegen die Arbeiterklasse und die Lebensinteressen der Werktätigen gerichtet sind.

Während die Sowjetunion viel für die Minderung der internationalen Spannung getan hat und weiterhin tut – und das wird heute von allen anerkannt –, stellt das amerikanische Monopolkapital weiter große Summen zur Verfügung, um die Wühltätigkeit in den sozialistischen Ländern zu verstärken. Mitten im »kalten Krieg« hat der amerikanische Kongreß bekanntlich offiziell (außer den Mitteln, die inoffiziell verausgabt werden) einhundert Millionen Dollar für die Wühltätigkeit in den Ländern der Volksdemokratie und in der Sowjetunion bewilligt. Heute, da die Sowjetunion und die anderen sozialistischen Länder alles, was in ihren Kräften steht, tun, um die internationale Spannung zu mildern, sind die Verfechter des »kalten Krieges« bemüht, den von den Völkern der ganzen Welt verurteilten »kalten Krieg« zu aktivieren. Dies zeigt der Beschluß des amerikanischen Senats über eine zusätzliche Bewilligung von 25 Millionen Dollar für Wühltätigkeit, die zynisch mit »Förderung der Freiheit« hinter dem »eisernen Vorhang« bezeichnet wird.

Wir müssen diese Tatsache nüchtern einschätzen und daraus die entsprechenden Schlußfolgerungen ziehen. So ist zum Beispiel klar, daß die volksfeindlichen Aktionen in Poznań[6] aus dieser Quelle finanziert wurden. Den Provokateuren und Diversanten, die mit Geldern von jenseits des Ozeans bezahlt wurden, hat die Luft jedoch nur für einige Stunden gereicht. Die Werktätigen Poznańs erteilten den feindlichen Ausfällen und Provokationen eine Abfuhr. Gescheitert ist der Plan der finsteren Ritter von »Feuer und Schwert«, gescheitert ist ihre schändliche Provokation gegen die Volksmacht in Polen. So werden auch in Zukunft Wühlaktionen in den Ländern der Volksdemokratie scheitern, mögen derartige Maßnahmen noch so freigebig aus den Mitteln finanziert werden, die von amerikanischen Monopolen bereitgestellt werden. Man kann sagen, daß dieses Geld zum Fenster hinausgeworfen ist.

All das zeigt, daß keine Sorglosigkeit gegenüber neuen Machenschaften der imperialistischen Agenten walten darf, die bestrebt sind, in die sozialistischen Länder einzudringen, um den Errungenschaften der Werktätigen Schaden zuzufügen und sie zu untergraben.

Die Kräfte der imperialistischen Reaktion sind bemüht, die Werktätigen vom richtigen Weg des Kampfes für ihre Interessen abzubringen, ihren Geist durch das Gift des Unglaubens an den Erfolg der Sache des Friedens und des Sozialismus zu verseuchen. Trotz aller Umtriebe der Ideologen der kapitalistischen Monopole wird die Arbeiterklasse mit der erprobten kommunistischen Vorhut an der Spitze ihren Weg gehen, der zu den historischen Errungenschaften des Sozialismus geführt hat und der zu neuen Siegen des Friedens, der Demokratie und des Sozialismus führen wird. Man kann überzeugt sein, daß die kommunistischen und Arbeiterparteien aller Länder das ruhmreiche marxistische Banner des proletarischen Internationalismus noch höher erheben werden.

Die Sowjetmenschen sind mit Recht stolz darauf, daß unsere Heimat als erste den Weg zum Sozialismus gebahnt hat. Heute, da der Sozialismus zu einem Weltsystem geworden ist, da die sozialistischen Länder brüderlich zusammenarbeiten und einander helfen, wurden neue günstige Voraussetzungen geschaffen für das Aufblühen der sozialistischen Demokratie, für die weitere Festigung der materiellen Produktionsbasis des Kommunismus, die unablässige Hebung der Lebenshaltung der Werktätigen, für die allseitige Entwicklung der Persönlichkeit des neuen Menschen, der die kommunistische Gesellschaft aufbaut. Mögen die bürgerlichen Ideologen Märchen von einer »Krise« des Kommunismus, von »Verwirrung« in den Reihen der kommunistischen Parteien erfinden, uns können derartige Auslassungen der Feinde nicht erschüttern. Ihre Prophezeiungen sind stets wie Seifenblasen geplatzt. Diese Pechvögel von Propheten kamen und gingen, aber die kommunistische Bewegung, die unsterblichen und lebenspendenden Ideen des Marxismus-Leninismus siegten und werden siegen. So wird es auch in Zukunft sein. Keinerlei böswillige verleumderische Ausfälle unserer Feinde werden den unüberwindlichen Gang der historischen Entwicklung der Menschheit zum Kommunismus aufhalten können.

30. Juni 1956

Zentralkomitee
der Kommunistischen Partei der Sowjetunion

Anmerkungen

Über den Personenkult und seine Folgen

1 Der XX. Parteitag fand vom 14. bis 25. Februar 1956 im Großen
Kremlpalast in Moskau statt. Die Rede des Ersten Sekretärs des
ZK der KPdSU, Nikita Sergejewitsch Chruschtschow, »Über den
Personenkult und seine Folgen« wurde in einer geschlossenen
Sitzung am Vormittag des 25. Februar verlesen.

Das Präsidium des ZK der KPdSU hatte am 13. Februar 1956
den Vorschlag unterbreitet, eine geschlossene Sitzung abzuhal-
ten, auf der Nikita Chruschtschow mit seiner Rede »Über den
Personenkult und seine Folgen« auftreten sollte. Am gleichen
Tag fand ein Plenum des ZK der KPdSU statt, das diesen Vorschlag bestätigte. Auf dieser geschlossenen Sitzung wurde kein
stenografisches Protokoll geführt. Es wurde beschlossen, keine
Diskussion zu dieser Rede zu eröffnen. Auf Vorschlag Nikolai
Bulganins, der die Sitzung leitete, faßte der Parteitag einstimmig
den Beschluß »Über den Personenkult und seine Folgen«, der in
der Presse veröffentlicht wurde. Außerdem wurde der Beschluß
gefaßt, die Rede an alle Parteiorganisationen zu schicken, jedoch
ohne sie in der Presse zu veröffentlichen.

Am 1. März 1956 wurde der Text der Rede, der für die Parteiorganisationen vorgesehen war, mit einer Bemerkung
Chruschtschows an alle Mitglieder und Kandidaten des Präsidiums sowie an alle Sekretäre des ZK der KPdSU gegeben. Im
Text war eine kleine stilistische und redaktionelle Korrektur ver-
merkt: es wurden die Quellen der Werke von Marx, Engels und
Lenin sowie anderer Zitate gekennzeichnet, Abweichungen des
Redners vom erarbeiteten Text eingefügt, die Reaktion der Delegierten auf die eine oder andere Aussage der Rede festgehalten.

Am 5. März 1956 faßte das Präsidium des ZK der KPdSU den
Beschluß »Über die Bekanntmachung mit der Rede des Genossen N. S. Chruschtschow ›Über den Personenkult und seine Folgen‹ auf dem XX. Parteitag der KPdSU«. Darin heißt es: »1. Den
Gebiets- und Regionskomitees, den ZK der kommunistischen

Parteien der Republiken vorschlagen, alle Kommunisten und Komsomolzen, die Aktivs der parteilosen Arbeiter, Angestellten und Kolchosbauern mit der Rede des Gen. Chruschtschow ›Über den Personenkult und seine Folgen‹ vom XX. Parteitag der KPdSU bekanntzumachen. 2. Die Rede des Gen. Chruschtschow an alle Parteiorganisationen mit der Bemerkung ›Nicht für die Presse‹ schicken sowie die Bemerkung ›Streng geheim‹ von der Broschüre streichen.« In Übereinstimmung mit diesem Beschluß wurde die Rede auf allen Partei- und Komsomolversammlungen verlesen.

Chruschtschow, Nikita Sergejewitsch (1894–1971) – seit 1918 Mitglied der Partei, Teilnehmer am Bürgerkrieg, seit 1920 in Partei- und Wirtschaftsfunktionen tätig; von 1935 bis 1938 1. Sekretär des Moskauer Stadtkomitees beim Moskauer Gebietskomitee der KPdSU(B), von 1938 bis 1949 Erster Sekretär des ZK der KP(B) der Ukraine, gleichzeitig von 1944 bis 1947 Vorsitzender des Rates der Volkskommissare (Ministerrat) der Ukraine; während des Großen Vaterländischen Krieges Mitglied einer Reihe von Militärräten verschiedener Fronten; von 1949 bis 1953 Sekretär des ZK, 1. Sekretär des Moskauer Parteikomitees, seit 1934 Mitglied des ZK der KPdSU(B). 1938 Kandidat, von 1939 bis 1964 Mitglied des Politbüros (des Präsidiums) des ZK, von 1953 bis 1964 Erster Sekretär des ZK der KPdSU, gleichzeitig von 1958 bis 1964 Vorsitzender des Ministerrates der UdSSR; von 1964 bis 1971 Rentner.

Bulganin, Nikolai Alexandrowitsch (1895–1975) – seit 1917 Mitglied der Partei, Marschall der Sowjetunion (1947–1958), seit 1958 Generaloberst; seit 1922 in Wirtschaftsfunktionen tätig, von 1931 bis 1937 Vorsitzender des Moskauer Stadtsowjets, seit 1937 Stellvertreter des Vorsitzenden des Rates der Volkskommissare der UdSSR; in den Jahren des Großen Vaterländischen Krieges Mitglied von Militärräten verschiedener Fronten, seit 1944 Mitglied des Staatlichen Komitees für Verteidigung und stellvertretender Volkskommissar für Verteidigung, seit 1947 Stellvertreter des Vorsitzenden des Ministerrates der UdSSR und gleichzeitig von 1947 bis 1949 Minister der Streitkräfte der UdSSR, von 1953 bis 1955 Verteidigungsminister der UdSSR, von 1934 bis 1961 Mitglied des ZK der KPdSU, von 1948 bis 1958 Mitglied des Politbüros (des Präsidiums) des ZK der KPdSU.

2 Karl Marx/Friedrich Engels: Werke, Bd. 34, S. 308 (im folgenden: MEW).

3 Friedrich Engels: An den Sängerverein des Kommunistischen Arbeiterbildungsvereins, Tottenham Street. In: MEW, Bd. 22, S. 264.

4 W. I. Lenin: Sitzung des Gesamtrussischen Zentralexekutivkomitees, 4. (17.) November 1917. In: Werke, Bd. 26, S. 287 (im folgenden: LW).

5 W. I. Lenin: Politische Erpressung. In: LW, Bd. 25, S. 266.

6 W. I. Lenin: Über einen Artikel Plechanows. In: LW, Bd. 13, S. 128.

7 W. I. Lenin: Wie wir die Arbeiter- und Bauerninspektion reorganisieren sollen. In: LW, Bd. 33, S. 472.

8 LW, Bd. 36, S. 579.

9 Ebenda, S. 580.

10 Der XIII. Parteitag fand im Mai 1924 statt.

11 Gemeint ist Grigori Jewsejewitsch Sinowjew.

12 W. I. Lenin: Briefe, Bd. IX, S. 547/548 (im folgenden: LB). Der drittletzte und der viertletzte Satz dieses Briefes sind in diesem Band nur unvollständig zitiert.

13 LB, Bd. IX, S. 336.

14 Der XVII. Parteitag fand im Januar/Februar 1934 statt.

15 Unter Kattun-Industrialisierung wurde in der damaligen Diskussion ein Industrialisierungstyp verstanden, bei dem nicht die Schwer-, sondern die Leichtindustrie Vorrang genoß.

16 W. I. Lenin: Entwurf eines Beschlusses des Politbüros des ZK der KPR(B). In: LW, Ergänzungsband Oktober 1917−März 1923, S. 216.

17 W. I. Lenin: Brief an das Zentralkomitee der SDAPR(B). In: LW, Bd. 26, S. 213/214.

18 LW, Bd. 36, S. 579.

19 *Berija, Lawrenti Pawlowitsch* (1899−1953) − ehemaliger Volkskommissar (Minister) des Innern der UdSSR, Erster Stellvertreter des Vorsitzenden des Ministerrates der UdSSR, Mitglied des Präsidiums des ZK der KPdSU. Das Plenum des ZK der KPdSU vom Juli 1953 schloß ihn wegen partei- und staatsfeindlicher Handlungen aus dem ZK und der Partei aus. Er wurde von allen staatlichen Funktionen entbunden.

Am 23. Dezember 1953 verurteilte ein Sondergericht des Obersten Gerichts der UdSSR Berija zum Tode.

20 W. I. Lenin: Sozialdemokratie und Dumawahlen. In: LW, Bd. 11, S. 438.

21 Der XVIII. Parteitag fand im März 1939, der XIX. Parteitag im Oktober 1952 statt.

22 Laut Beschluß des Politbüros des ZK der KPdSU(B) vom 2. Oktober 1941 war das Plenum des ZK der KPdSU(B) für den 10. Oktober 1941 mit folgender Tagesordnung einzuberufen: »1. Militärische Lage unseres Landes, 2. Aufgaben von Partei und Staat zur Landesverteidigung«. Mit Beschluß des Politbüros des ZK der KPdSU(B) vom 9. Oktober 1941 wurde das Plenum »aufgrund der entstandenen gefährlichen Lage an der Front und der Unzweckmäßigkeit der Abberufung der führenden Genossen« verschoben. Während des Krieges fand nur ein Plenum am 27. Januar 1944 statt.

23 Gemeint ist eine Kommission, die vom Präsidium des ZK der KPdSU am 31. Dezember 1955 gebildet wurde. Sie hatte die Aufgabe, Material über die Massenrepressalien gegen Kandidaten und Mitglieder des ZK der KPdSU(B), die vom XVII. Parteitag gewählt worden waren, und gegen andere sowjetische Bürger in der Zeit von 1935 bis 1940 zu untersuchen. Zu der Kommission gehörten die Sekretäre des ZK der KPdSU Pjotr Pospelow und Awerki Aristow, der Vorsitzende des Gesamtrussischen Zentralrats der Gewerkschaften Nikolai Schwernik sowie der Stellvertreter des Vorsitzenden des Komitees für Parteikontrolle beim ZK der KPdSU Komarow.

24 NKWD – Volkskommissariat für Innere Angelegenheiten (Innenministerium).

25 *Jenukidse, Awel Safronowitsch* (1877–1937) – Mitglied der Partei seit 1898, seit Juli 1918 Mitglied und Sekretär des Gesamtrussischen Zentralexekutivkomitees und des Präsidiums des Zentralexekutivkomitees.

26 Es geht um den Beschluß des Zentralexekutivkomitees der UdSSR vom 1. Dezember 1934 »Über die Prozeßführung bei Vorbereitung oder Durchführung von Terrorakten«. Dieser Beschluß wurde in der Folgezeit als »Gesetz des 1. Dezember 1934« bezeichnet und war bis 1956 wirksam. Auf der Sitzung des Zentralexekutivkomitees lag der genannte Beschluß nicht zur Bestätigung vor, wie das in der Verfassung der UdSSR gefordert wird.

27 *Nikolajew, L. W.* (1904–1934) – Mitglied der Partei seit 1924. War einige Zeit lang Instrukteur des Leningrader Gebietsko-

mitees der Partei und des Leningrader Instituts für Geschichte der KPdSU(B). 1934 aus dem Institut entlassen, ohne feste Arbeit. Am 1. Dezember 1934 verübte er das Attentat auf Sergej Kirow. Er wurde zum Tode verurteilt und hingerichtet.

28 *Shdanow, Andrej Alexandrowitsch* (1896–1948) – Mitglied der Partei seit 1915, von 1934 bis 1948 Sekretär des ZK der KPdSU(B) und gleichzeitig von 1934 bis 1944 1. Sekretär des Leningrader Gebietskomitees und des Leningrader Stadtkomitees der Partei, seit 1935 Kandidat des Politbüros, seit 1939 Mitglied des Politbüros des ZK der KPdSU(B).

29 *Kaganowitsch, Lasar Moissejewitsch* (geb. 1893) – seit 1911 Mitglied der Partei, seit 1924 Mitglied des ZK, seit 1925 Sekretär, seit 1930 Mitglied des Politbüros des ZK der KPdSU(B); 1957 wegen parteifeindlicher Tätigkeit aus dem ZK der KPdSU ausgeschlossen, 1962 folgte der Parteiausschluß.

30 *Molotow (Skrjabin)*, Wjatscheslaw Michailowitsch* (1890–1986) – Mitglied der Partei seit 1906; 1920 Sekretär des ZK der KP(B) der Ukraine, von 1921 bis 1930 Sekretär des ZK der Partei; von 1930 bis 1941 Vorsitzender des Rates der Volkskommissare der UdSSR, von 1941 bis 1957 Erster Stellvertreter des Vorsitzenden des Rates der Volkskommissare (Ministerrat) der UdSSR, gleichzeitig von 1941 bis 1945 Stellvertreter des Vorsitzenden des Staatlichen Verteidigungskomitees; von 1939 bis 1949 und von 1953 bis 1956 Volkskommissar und dann Minister für Auswärtige Angelegenheiten der UdSSR, Minister für Staatliche Kontrolle; seit 1957 Botschafter der UdSSR in der MVR; seit 1960 Vertreter der UdSSR bei der Weltatomenergiebehörde der UNO (Österreich); seit 1921 Mitglied des ZK der Partei, von 1921 bis 1926 Kandidat, von 1926 bis 1957 Mitglied des Politbüros (des Präsidiums) des ZK der KPdSU; 1957 wegen parteifeindlicher Tätigkeit aus dem ZK der KPdSU ausgeschlossen. 1962 erfolgte sein Parteiausschluß; 1984 wurde seine Parteimitgliedschaft seit 1906 wiederhergestellt.

31 *Jeshow, Nikolai I.* (1895–1940) – Mitglied der Partei seit 1917; auf dem XVII. Parteitag zum Mitglied des ZK gewählt, seit 1935 Sekretär des ZK der KPdSU(B), Vorsitzender der Parteikontrollkommission; von 1936 bis 1938 Volkskommissar für Innere Angelegenheiten der UdSSR, danach Volkskommissar für Wasser-

---

* Die in Klammern gedruckten Namen sind die eigentlichen Namen.

transportwesen; seit 1938 Kandidat des Politbüros des ZK der KPdSU(B), 1939 verhaftet, 1940 vom Militärkollegium des Obersten Gerichts der UdSSR zum Tode verurteilt und hingerichtet.

32 *Jagoda, G. G.* (1891–1938) – Mitglied der Partei seit 1907; von 1934 bis 1936 Vorsitzender der OGPU (→ Anm. 33) beim Rat der Volkskommissare der UdSSR, Volkskommissar des NKWD. Seit 1936 Volkskommissar für Post- und Fernmeldewesen der UdSSR. 1938 wurde er in der Angelegenheit des »Antisowjetischen rechtstrotzkistischen Blocks« dem Gericht übergeben und erschossen.

33 OGPU – Vereinigte Staatliche Politische Verwaltung (Staatssicherheitsorgane).

34 LW, Bd. 30, S. 318.

35 *Postyschew, Pawel Petrowitsch* (1887–1939) – Mitglied der Partei seit 1904, seit 1926 Sekretär des ZK der KP(B) der Ukraine. Seit 1930 Sekretär und Mitglied des Organisationsbüros des ZK der KPdSU(B), von 1933 bis 1937 2. Sekretär des ZK der KP(B) der Ukraine, danach 1. Sekretär des Gebietskomitees der Partei von Kuibyschew, seit 1927 Mitglied des ZK der KPdSU(B), seit 1934 Kandidat des Politbüros des ZK der KPdSU(B).

36 *Karpow, M. M.* (1901–1939) – Mitglied der Partei seit 1920, bis zur Verhaftung Leiter der Abteilung Agitation und Propaganda des Gebietskomitees Kiew der KP(B) der Ukraine.

37 Siehe LW, Bd. 32, S. 248.

38 *Eiche, Robert Indrikowitsch* (1890–1940) – Mitglied der Partei seit 1905, Teilnehmer der Revolution und des Kampfes um die Errichtung der Sowjetmacht in Lettland; seit 1925 Vorsitzender des Sibirischen Regionskomitees der Partei, 1. Sekretär des Westsibirischen Regionskomitees der KPdSU(B); von 1937 bis 1938 Volkskommissar für Landwirtschaft der UdSSR; seit 1930 Mitglied des ZK, seit 1935 Kandidat des Politbüros des ZK der KPdSU(B), Mitglied des Zentralexekutivkomitees der UdSSR.

39 *Uschakow, S. M., Nikolajew-Schurid, N. G.* – Mitarbeiter des NKWD, im Jahre 1939 verhaftet, laut Urteil des Militärkollegiums des Obersten Gerichts der UdSSR im Januar 1940 erschossen.

40 *Ruchimowitsch, M. L.* (1889–1938) – Mitglied der Partei seit 1913, aktiver Teilnehmer der Oktoberrevolution und des Bürgerkrieges in der Ukraine; seit 1920 Vorsitzender des Donezker

Gouvernementsexekutivkomitees; seit 1925 in staatlichen und Parteifunktionen tätig, Volkskommissar für Verteidigungsindustrie der UdSSR; seit 1924 Mitglied des ZK der Partei.

41 *Meshlauk, Waleri Iwanowitsch* (1893–1938) – Mitglied der Partei seit 1917, seit 1920 Volkskommissar für Eisenbahnwesen, Stellvertreter des Vorsitzenden des Rates der Volkskommissare der UdSSR; seit 1917 Kandidat des ZK, seit 1934 Mitglied des ZK der KPdSU(B).

42 *Rudzutaks, Jānis* (1887–1938) – Mitglied der Partei seit 1905, seit 1917 Vorsitzender des Moskauer Volkswirtschaftsrates, seit 1920 Vorsitzender des ZK der Eisenbahnarbeiter, gleichzeitig Generalsekretär des Gesamtrussischen Zentralrates der Gewerkschaften, danach Vorsitzender des Büros des ZK der KPR(B) Mittelasiens, seit 1923 Sekretär der KPR(B); von 1924 bis 1930 Volkskommissar für Verkehrswesen der UdSSR. Von 1926 an Stellvertreter des Vorsitzenden des Rates der Volkskommissare und des Rates für Arbeit und Verteidigung der UdSSR, gleichzeitig von 1931 an Vorsitzender der Zentralen Kontrollkommission der KPdSU(B) und Volkskommissar der Arbeiter-und-Bauern-Inspektion; von 1923 bis 1926 und seit 1934 Kandidat des Politbüros des ZK, von 1926 bis 1932 Mitglied des Politbüros des ZK; Repressalien unterworfen.

43 *Komarow, Nikolai Pawlowitsch (Sobinow, Fjodor Jewgenjewitsch)* (1886–1937) – Mitglied der Partei seit 1909, seit 1917 Mitglied des Petrograder Komitees der SDAPR(B), 1925 Sekretär des Nord-West-Büros des ZK der KPR(B); von 1926 bis 1929 Vorsitzender des Leningrader Stadt- und Gouvernementsexekutivkomitees, seit 1931 Volkskommissar für Kommunalwirtschaft der RSFSR; Mitglied des ZK der Partei 1921 und von 1923 bis 1930, Kandidat des ZK von 1922 bis 1923.

44 *Sakowski, L. M.* – 1937 Leiter des Leningrader NKWD.

45 *Tschudow, Michail Semjonowitsch* (1893–1937) – Mitglied der Partei seit 1913, von 1928 bis 1936 2. Sekretär des Leningrader Gebietskomitees der Partei, Mitglied des ZK der KPdSU(B) seit 1925.

46 *Ugarow, Alexander Iwanowitsch* (1900–1939) – Mitglied der Partei seit 1918, von 1934 bis 1938 1. Sekretär des Leningrader Stadtkomitees der KPdSU(B), seit 1938 1. Sekretär des Moskauer Gebietskomitees und des Moskauer Stadtkomitees der KPdSU(B); Kandidat des ZK der KPdSU(B).

47 *Smorodin, Pjotr Iwanowitsch* (1897–1939) – Mitglied der Partei seit 1917, von 1921 bis 1924 Erster Sekretär des ZK des Russischen Kommunistischen Jugendverbandes; von 1928 bis 1936 Parteiarbeit in Leningrad; seit 1937 Sekretär des Stalingrader Gebietskomitees der KPdSU(B), seit 1930 Kandidat des ZK.

48 *Posern, Boris Pawlowitsch* (1882–1939) – Mitglied der Partei seit 1902; von 1917 bis 1918 Kommissar an der Nordfront, danach politischer Kommandeur der Roten Armee; seit 1921 in Partei- und Wirtschaftsfunktionen tätig; von 1937 bis 1938 Staatsanwalt des Leningrader Gebiets; seit 1930 Kandidat des ZK der KPdSU(B).

49 *Schaposchnikowa, L. K.* (1895–1942) – Mitglied der Partei seit 1917, seit 1934 Mitglied des Büros des Leningrader Stadtparteikomitees.

50 *Kabakow, Iwan Dmitrijewitsch* (1891–1937) – Mitglied der Partei seit 1914, bis 1934 1. Sekretär des Gebietskomitees der Partei Swerdlowsk, seit 1925 Mitglied des ZK der KPdSU(B).

51 *Kossior, Stanislaw Wikentjewitsch* (1889–1939) – Mitglied der Partei seit 1907; im Oktober 1917 Kommissar des Petrograder Revolutionären Militärrates; einer der Gründer der KP(B) der Ukraine; von 1919 bis 1920 Sekretär des ZK der KP(B) der Ukraine, seit 1922 Sekretär des Büros der KPR(B) Sibiriens, seit 1926 Sekretär des ZK der KPdSU(B), seit 1928 Generalsekretär des ZK der KP(B) der Ukraine; seit 1938 Stellvertreter des Vorsitzenden des Rates der Volkskommissare der UdSSR, Vorsitzender der Kommission für Sowjetkontrolle; seit 1924 Mitglied des ZK der KPR(B), seit 1927 Kandidat und seit 1930 Mitglied des Politbüros des ZK der KPdSU(B).

52 *Tschubar, Wlass Jakowlewitsch* (1891–1939) – Mitglied der Partei seit 1907; von 1918 bis 1923 Mitglied des Präsidiums des Obersten Volkswirtschaftsrates der UdSSR, seit 1920 Stellvertreter des Vorsitzenden, danach Vorsitzender des Rates der Volkskommissare der Ukraine, seit 1934 Stellvertreter des Vorsitzenden des Rates der Volkskommissare und des Rates für Arbeit und Verteidigung der UdSSR, seit 1937 Volkskommissar für Finanzen; seit 1921 Mitglied des ZK der Partei, seit 1926 Kandidat und seit 1935 Mitglied des Politbüros des ZK.

53 *Kossarew, Alexander Wassiljewitsch* (1903–1939) – Mitglied der Partei seit 1919; seit 1926 Sekretär des Moskauer Komsomolkomitees, seit 1927 Sekretär und seit 1929 Generalsekretär des ZK

des Komsomol; seit 1934 Mitglied des ZK und des Organisationsbüros des ZK der KPdSU(B).

54 *Rodos, B. W.* (1905–1956) – ehemaliger stellvertretender Leiter des Untersuchungsausschusses für besonders wichtige Angelegenheiten beim NKWD und NKGB (Volkskommissariat für Staatssicherheit), Oberst; war selbst an der Konstruierung von Strafverfolgungen beteiligt. Das Militärkollegium des Obersten Gerichts der UdSSR verurteilte ihn 1956 zum Tode.

55 Gemeint ist der aggressive Militärblock Deutschland – Italien – Japan, der 1936/1937 gebildet wurde.

56 *Malenkow, Georgi Maximilianowitsch* (1902–1988) – Mitglied der Partei seit 1920, von 1939 bis 1946 und von 1948 bis 1953 Sekretär des ZK der KPdSU(B); von 1953 bis 1955 Vorsitzender des Ministerrates der UdSSR, von 1955 bis 1957 Stellvertreter des Vorsitzenden des Ministerrates, Minister für Kraftwerke, seit 1957 Direktor des Kraftwerks in Ust-Kamenogorsk; von 1941 bis 1946 Kandidat des Politbüros, von 1946 bis 1952 Mitglied des Politbüros des ZK, von 1952 bis 1957 Mitglied des Präsidiums des ZK der KPdSU; 1957 wegen parteifeindlicher Tätigkeit aus dem ZK der KPdSU und 1961 aus den Reihen der Partei ausgeschlossen.

57 *Rokossowski, Konstantin Konstantinowitsch* (1896–1968) – Mitglied der Partei seit 1919, Marschall der Sowjetunion (1944); vor dem Großen Vaterländischen Krieg Repressalien unterworfen, 1941 rehabilitiert; während des Großen Vaterländischen Krieges Befehlshaber verschiedener Fronten, nach dem Krieg Oberbefehlshaber der Gruppe der Nördlichen Streitkräfte; seit 1949 Minister für Nationale Verteidigung und Stellvertreter des Vorsitzenden des Ministerrates der VRP, Marschall von Polen; seit 1956 stellvertretender Verteidigungsminister der UdSSR, danach in anderen hohen Diensträngen eingesetzt; Kandidat des ZK der KPdSU von 1961 bis 1968.

58 *Gorbatow, A. W.* (1891–1973) – Mitglied der Partei seit 1919; Armeegeneral (1955), Teilnehmer des ersten Weltkrieges, des Bürgerkrieges und des Großen Vaterländischen Krieges; vor dem Krieg Repressalien unterworfen; während des Krieges in Befehlsfunktionen; nach dem Krieg Kommandeur der Luftlandetruppen und des Baltischen Militärbezirks; Kandidat des ZK der KPdSU von 1952 bis 1961.

59 *Merezkow, Kirill Afanasjewitsch* (1897–1968) – Mitglied der Par-

tei seit 1917, Marschall der Sowjetunion (1944); seit 1937 Stellvertreter des Vorsitzenden des Generalstabes, seit September 1938 Kommandeur des Militärbezirks an der Wolga, danach des Leningrader Militärbezirks, seit 1940 Vorsitzender des Generalstabes, seit 1941 Stellvertreter des Volkskommissars für Verteidigung der UdSSR; vor dem Krieg Repressalien unterworfen; im Großen Vaterländischen Krieg Befehlshaber von Armeen und an verschiedenen Fronten; nach dem Krieg Kommandeur verschiedener Militärbezirke; Kandidat des ZK der Partei von 1939 bis 1956, von 1956 bis 1961 Mitglied der Zentralen Revisionskommission der KPdSU.

Podlas, K. P. (1893–1942) – Mitglied der Partei seit 1918, Generalleutnant (1941); Teilnehmer des ersten Weltkrieges und des Bürgerkrieges, war Repressalien unterworfen; während des Großen Vaterländischen Krieges Kommandeur verschiedener Armeen, im Kampf gefallen.

60 *Bagramjan, Iwan Christoforowitsch* (1897–1982) – Mitglied der Partei seit 1941, Marschall der Sowjetunion (1955); im Großen Vaterländischen Krieg Stellvertreter des Leiters und Leiter des Stabes der Südwestfront, Armeekommandeur, seit 1943 Befehlshaber verschiedener Fronten, nach dem Krieg Befehlshaber des Baltischen Militärbezirks und Stellvertreter des Verteidigungsministers der UdSSR; Mitglied des ZK der KPdSU von 1961 bis 1982.

61 *Wassilewski, Alexander Michailowitsch* (1895–1977) – Mitglied der Partei seit 1938, Marschall der Sowjetunion (1943); Teilnehmer des ersten Weltkrieges und des Bürgerkrieges, seit August 1941 Stellvertreter des Leiters und Chef des Generalstabes und Stellvertreter des Volkskommissars für Verteidigung der UdSSR, von 1942 bis 1944 koordinierte er die Zusammenarbeit der Fronten, seit Februar 1945 Kommandeur der 3. Belorussischen Front, seit Juli 1945 Oberkommandierender der sowjetischen Streitkräfte im Fernen Osten; nach dem Krieg Chef des Generalstabes, Erster Stellvertreter des Ministers und Minister der Streitkräfte, Erster Stellvertreter des Verteidigungsministers der UdSSR; Mitglied des ZK der KPdSU von 1952 bis 1961.

62 *Mikojan, Anastas Iwanowitsch* (1895–1978) – Mitglied der Partei seit 1915, von 1920 bis 1926 Sekretär des Gouvernementskomitees der Partei von Nishegorodski, Sekretär des Süd-Ost-Büros des ZK der KPR(B) und des Nordkaukasischen Regionskomitees der Partei; von 1926 bis 1946 Volkskommissar für Binnen- und

Außenhandel und Leiter anderer Volkskommissariate, seit 1937 Stellvertreter des Vorsitzenden des Rates der Volkskommissare der UdSSR, von 1941 bis 1946 Mitglied des Büros des Rates der Volkskommissare der UdSSR, von 1942 bis 1945 Mitglied des Staatlichen Verteidigungskomitees, von 1946 bis 1964 Stellvertreter, Erster Stellvertreter des Vorsitzenden des Ministerrates der UdSSR, von 1964 bis 1965 Vorsitzender des Präsidiums des Obersten Sowjets der UdSSR; Mitglied des ZK der Partei von 1923 bis 1976, seit 1926 Kandidat und von 1935 bis 1966 Mitglied des Politbüros (des Präsidiums) des ZK der Partei.

63 *Shukow, Georgi Konstantinowitsch* (1896–1974) – Mitglied der Partei seit 1919, Marschall der Sowjetunion (1943), Teilnehmer des ersten Weltkrieges und des Bürgerkrieges; von Januar bis Juli 1941 Chef des Generalstabes und stellvertretender Volkskommissar für Verteidigung der UdSSR, seit Beginn des Großen Vaterländischen Krieges Mitglied des Oberkommandos, danach Kommandeur der Reservefront, der Leningrader Front und Oberkommandierender der Westfront; seit August 1942 1. Stellvertreter des Volkskommissars für Verteidigung und Stellvertreter des Oberkommandierenden; koordinierte die Kampfhandlungen verschiedener Fronten in der Schlacht um Stalingrad, beim Durchbruch der Blockade von Leningrad, in den Schlachten bei Kursk und am Dnepr; von 1944 bis 1945 kommandierte er die 1. Ukrainische Front, koordinierte die Kampfhandlungen der 1. und 2. Belorussischen Front und kommandierte die 1. Belorussische Front; nach dem Krieg in hohen staatlichen und militärischen Ämtern tätig; von 1955 bis 1957 Verteidigungsminister der UdSSR; von 1941 bis 1946 Kandidat des ZK der Partei, von 1952 bis 1953 Mitglied des ZK der KPdSU, von 1953 bis 1957 Kandidat und von 1956 bis 1957 Mitglied des Präsidiums des ZK der KPdSU.

64 *Poskrjobyschew, A. N.* (1891–1965) – Mitglied der Partei seit 1917; nach der Oktoberrevolution in Partei- und Sowjetfunktionen tätig; seit 1922 arbeitete er im ZK der Partei als Instrukteur für Bilanzierung und Rechnungsführung, als Stellvertreter des Geschäftsführers und Mitarbeiter des Sekretärs des ZK; von 1928 bis 1953 Leiter der Sonderabteilung des Sekretariats des ZK, der Geheimabteilung und der Sonderabteilung des ZK der Partei; von 1952 bis 1954 Sekretär des Präsidiums und des Büros des Präsidiums des

ZK der KPdSU, von 1934 bis 1939 Kandidat des ZK der KPdSU(B) und von 1939 bis 1954 Mitglied des ZK der Partei.

65 Der »Leningrader Affäre« fielen Hunderte von Partei- und Sowjetfunktionären, darunter Politbüromitglieder, Mitglieder des Organisationsbüros und des Sekretariats des ZK der KPdSU(B), zum Opfer. Allen Verurteilten wurde vorgeworfen, eine parteifeindliche Gruppe geschaffen zu haben, die eine verbrecherische und zersetzende Arbeit zur Spaltung der Partei und zur Konfrontation der Leningrader Parteiorganisationen mit dem ZK der Partei betrieb.

66 *Abakumow, W. S.* (1908–1954) – Mitglied der Partei seit 1930; seit 1932 in den Organen für Staatssicherheit tätig; von 1946 bis 1951 Minister für Staatssicherheit der UdSSR; im Juni 1951 aus der Partei ausgeschlossen, im Dezember 1954 zum Tode verurteilt.

67 Gemeint sind die Beschlüsse des ZK der KPdSU(B) vom 9. November 1951 und vom 27. März 1952 über die angeblich in Georgien aufgedeckte mingrelische nationalistische Organisation, die vom Sekretär des ZK der KP(B) Georgiens, M. Baramija, geleitet wurde. Am 10. April 1953 wurden diese Beschlüsse durch eine Resolution des ZK der KPdSU »Über die Verletzung der sowjetischen Gesetze durch das ehemalige Ministerium für Staatssicherheit Georgiens« außer Kraft gesetzt.

68 Gemeint ist das Juli-Plenum des ZK der KPdSU von 1955, auf dem Nikita Chruschtschow mit einer Rede zu den Ergebnissen der sowjetisch-jugoslawischen Verhandlungen auftrat.

69 *Tito, Josip Broz* (1892–1980) – Funktionär der jugoslawischen kommunistischen und Arbeiterbewegung, seit 1940 Generalsekretär des ZK der Kommunistischen Partei Jugoslawiens, seit 1966 Vorsitzender des Bundes der Kommunisten Jugoslawiens, seit 1945 Oberhaupt von Staat und Regierung der FVRJ (später SFRJ).

70 Gemeint ist die von 1952 bis 1953 konstruierte »Angelegenheit der Ärzte«. Man hatte 37 Ärzte der Spionage und des Terrorismus angeklagt. Auf Beschluß des Präsidiums des ZK der KPdSU vom 3. April 1953 wurden die Ärzte und ihre Familien, die im »Fall der Ärzte-Saboteure« angeklagt worden waren, vollständig rehabilitiert.

71 *Ignatjew, S. D.* (1904–1983) – Mitglied der Partei seit 1926; von 1951 bis 1953 Minister für Staatssicherheit der UdSSR; von 1953 bis 1957 1. Sekretär des Gebietskomitees der Partei Baschkiriens,

von 1957 bis 1960 1. Sekretär des Tatarischen Gebietskomitees der Partei, von 1952 bis 1953 Sekretär des ZK der Partei.

72 *Kaminski, Grigori Naumowitsch* (1895–1938) – Mitglied der Partei seit 1913, seit 1920 Sekretär des ZK der KP(B) Aserbaidshans, danach in Wirtschafts- und Sowjetfunktionen tätig; seit 1930 Sekretär des Moskauer Gebietskomitees der KPdSU(B); seit 1932 Vorsitzender des Gebietsexekutivkomitees Moskaus; seit 1934 Volkskommissar für Gesundheitswesen; von 1925 bis 1927 und seit 1934 Kandidat des ZK der KPdSU(B).

73 Mussawatisten – Mitglieder der aserbaidshanischen bürgerlichen nationalistischen Partei »Mussawat« (Gleichheit); existierte seit 1911; trat nach der Oktoberrevolution als Initiator der Gründung einer bürgerlichen Republik Aserbaidshan auf (1918–1920).

74 *Snegow, A. W.* (geb. 1898) – Mitglied der Partei seit 1917, seit 1931 Mitglied des Büros des Transkaukasischen Regionskomitees der KPdSU(B), danach in Partei- und Sowjetfunktionen in Sibirien, der Ukraine, in Kuibyschew und in Murmansk tätig; 1938 Repressalien unterworfen, 1954 rehabilitiert.

75 *Kartwelischwili, Lawrenti Jossifowitsch* (Lawrentjew) (1890–1938) – Mitglied der Partei seit 1910, seit 1923 Sekretär des ZK der KP(B) Georgiens, 2. Sekretär des Transkaukasischen Regionskomitees der Partei, Vorsitzender des Rates der Volkskommissare Georgiens; seit 1929 Leiter der Politabteilung des Militärbezirks der Ukraine, 2. Sekretär des ZK der KP(B) der Ukraine; seit 1931 Sekretär des Regionskomitees der KPdSU(B) Transkaukasiens, Westsibiriens, des Fernen Ostens und der Krim; von 1930 bis 1934 Kandidat und von 1934 Mitglied des ZK der KPdSU(B).

76 *Ordshonikidse, Grigori Konstantinowitsch* (Sergo) (1886–1937) – Mitglied der Partei seit 1903, seit 1920 Vorsitzender des Büros des ZK der KPR(B) des Kaukasus, 1. Sekretär des Transkaukasischen Regionskomitees der Partei und des Regionskomitees des Nordkaukasus. Seit 1926 Vorsitzender der Zentralen Kontrollkommission der KPdSU(B), Stellvertreter des Vorsitzenden des Rates der Volkskommissare und des Rates für Arbeit und Verteidigung der UdSSR, seit 1930 Vorsitzender des Obersten Volkswirtschaftsrates, Volkskommissar für Schwerindustrie; seit 1921 Mitglied des ZK der Partei, von 1926 bis 1930 Kandidat und von 1930 Mitglied des Politbüros des ZK der KPdSU(B).

77 *Kedrow, I. M.* (1908–1940) – Mitglied der KPR(B), Oberleutnant
    der Staatssicherheit, Sohn Michail Kedrows (→ Anm. 78);
    Golubew, W. P. (1913–1940) – Kandidat der KPR(B), Leutnant
    der Staatssicherheit, beide 1939 verhaftet, am 25. Januar 1940
    gemeinsam mit *N. W. Baturina* hingerichtet.

78 *Kedrow, Michail Sergejewitsch* (1878–1941) – Mitglied der Partei
    seit 1901; von 1906 bis 1907 Leiter des Buchverlages »Serno« der
    Bolschewiki; seit November 1917 Mitglied des Kollegiums des
    Volkskommissariats für Militärische Angelegenheiten, Kommis-
    sar für Demobilisierung der alten Armee, in befehlsgebender
    Stellung an der Nordfront; seit März 1919 Leiter der Sonderab-
    teilung der Gesamtrussischen Tscheka, Mitglied der Kommis-
    sion des NKWD; nach dem Bürgerkrieg im Obersten Volkswirt-
    schaftsrat, im Obersten Gericht der UdSSR und im Staatlichen
    Plankomitee der RSFSR.

79 *Andrejew, Andrej Andrejewitsch* (1895–1971) – Mitglied der Partei
    seit 1914, seit 1920 Sekretär des Gesamtrussischen Zentralrates
    der Gewerkschaften, gleichzeitig von 1924 bis 1925 Sekretär des
    ZK der KPR(B), seit 1927 Sekretär des Regionskomitees der
    KPdSU(B) des Nordkaukasus; seit 1930 Vorsitzender der Zentra-
    len Kontrollkommission der KPdSU(B); Volkskommissar für die
    Arbeiter-und-Bauern-Inspektion, Stellvertreter des Vorsitzenden
    des Rates der Volkskommissare der UdSSR, seit 1931 Volkskom-
    missar für Verkehrswesen der UdSSR; seit 1935 Sekretär des ZK
    der KPdSU(B), von 1939 bis 1952 Vorsitzender des Komitees für
    Parteikontrolle beim ZK der KPdSU(B); seit 1946 Stellvertreter
    des Vorsitzenden des Ministerrates der UdSSR; von 1920 bis
    1961 Mitglied des ZK der Partei, von 1932 bis 1952 Mitglied des
    Politbüros des ZK der KPdSU(B).

80 Siehe Jossif Wissarionowitsch Stalin: Kurze Lebensbeschrei-
    bung, Berlin 1950.

81 Ebenda, S. 67.

82 Ebenda, S. 68.

83 Ebenda, S. 156.

84 Ebenda, S. 150.

85 Ebenda, S. 151.

86 Jossif Wissarionowitsch Stalin: Kurze Lebensbeschreibung, Mos-
    kau 1945, S. 70, russ.

87 Jossif Wissarionowitsch Stalin: Kurze Lebensbeschreibung, Ber-
    lin 1950, S. 105.

88 Die Stalin-Orden 1., 2. und 3. Stufe wurden von 1940 bis 1952 verliehen.

89 Siehe vorl. Band, S. 69.

90 Der Beschluß über den Bau eines Palastes der Sowjets in Moskau wurde auf dem 1. Sowjetkongreß der UdSSR 1922 gefaßt. Der Bau begann vor dem Großen Vaterländischen Krieg.

91 *Woroschilow, Kliment Jefremowitsch* (1881–1969) – Mitglied der Partei seit 1903; seit 1925 Volkskommissar für Heereswesen und Marine und Vorsitzender des Revolutionären Militärrates der UdSSR, seit 1934 Volkskommissar für Verteidigung der UdSSR, seit 1940 Stellvertreter des Vorsitzenden des Rates der Volkskommissare der UdSSR; während des Großen Vaterländischen Krieges Mitglied des Staatlichen Verteidigungskomitees; seit 1946 Stellvertreter des Vorsitzenden des Ministerrates der UdSSR, von 1953 bis 1960 Vorsitzender des Präsidiums des Obersten Sowjets der UdSSR; von 1921 bis 1961 und von 1966 bis 1969 Mitglied des ZK der Partei. Mitglied des Politbüros (des Präsidiums) des ZK von 1926 bis 1960.

Beschluß des Zentralkomitees der KPdSU

1 Marx an Wilhelm Blos, 10. November 1877. In: MEW, Bd. 34, S. 308.

2 W. I. Lenin: Dritter Gesamtrussischer Kongreß der Sowjets der Arbeiter-, Soldaten- und Bauerndeputierten, 10.–18. (23.–31.) Januar 1918. Schlußwort zum Bericht des Rats der Volkskommissare, 12. (25.) Januar. In: LW, Bd. 26, S. 474.

3 LW, Bd. 36, S. 579/580.

4 W. I. Lenin: Was hat der Prozeß gegen die Sozialdemokratische Arbeiterfraktion Rußlands erwiesen? In: LW, Bd. 21, S. 162.

5 Bagdad-Pakt – bis 1959 Bezeichnung der CENTO (Central Treaty Organization = Zentrale Verteidigungsorganisation). Dieser imperialistische Militärpakt wurde auf Initiative der USA 1955 zwischen Großbritannien, der Türkei, dem Irak, dem Iran und Pakistan abgeschlossen. 1959 trat der Irak aus, nach dem Sturz des Schah-Regimes im Iran 1979 verschwand die CENTO von der Bildfläche.

6 Gemeint sind die Unruhen, die 1956 in der polnischen Stadt Poznań stattfanden.